Claves del liderazgo de éxito
en la era digital

# Claves del liderazgo de éxito en la era digital

## Xavi Escales

Prólogo de Rodrigo Miranda

Plataforma
Editorial

Primera edición en esta colección: febrero de 2025

© Xavier Escales Estruch, 2025
© del prólogo, Rodrigo Miranda, 2025
© de la presente edición: Plataforma Editorial, 2025

Plataforma Editorial
c/ Muntaner, 269, entlo. 1ª – 08021 Barcelona
Tel.: (+34) 93 494 79 99 – Fax: (+34) 93 419 23 14
www.plataformaeditorial.com
info@plataformaeditorial.com

Depósito legal: B 23477-2024
ISBN: 979-13-87568-19-1
IBIC: KJ

*Printed in Spain* – Impreso en España

Diseño de cubierta:
Arantxa Álvarez

Fotocomposición y realización de cubierta:
Grafime S. L.

El papel que se ha utilizado para imprimir este libro proviene
de explotaciones forestales controladas, donde se respetan
los valores ecológicos, sociales y el desarrollo sostenible del bosque.

Impresión:
Romanyà Valls,
Capellades (Barcelona)

Liderazgo es el arte de conseguir que alguien
haga lo que tú quieras porque él o ella quiera hacerlo.

Dwight D. Eisenhower

# Índice

# Prólogo

El mundo empresarial ha experimentado una metamorfosis sin precedentes en la era digital. La convergencia entre las nuevas tecnologías y los nuevos estilos de liderazgo han creado un paisaje empresarial que demanda una comprensión profunda de las posibilidades que ofrece, por ejemplo, la inteligencia artificial en relación con las necesidades de los empleados y el pleno desarrollo de sus habilidades, tanto *hard* como *soft*. En este escenario de cambio acelerado, el libro que tienes en tus manos te ofrece una hoja de ruta para no solo sobrevivir, sino prosperar en este nuevo ecosistema corporativo. *Claves del liderazgo de éxito en la era digital* es una brújula diseñada para navegantes que buscan, por un lado, comprender la situación actual del talento y las estrategias empresariales modernas desde un punto de vista meramente racional y, por otro lado, adentrarse en el corazón y en la mente de los equipos. En consecuencia, este libro surge como respuesta a una necesidad urgente, es decir, el ajuste entre la evolución tecnológica y el crecimiento personal y profesional de cada individuo en una organización. En estos tiempos en que la tecnología ya no es solo una promesa, sino una realidad que va permeando cada rincón de nuestras empresas y, por extensión, de nuestras vidas, es imperativo abordar el liderazgo desde una nueva perspectiva. La inteligencia artificial (IA) ha irrumpido como recurso tecnológico y también como compañero de trabajo, desafiando la forma en que lideramos y colaboramos con nuestros equipos. Este libro explora cómo conseguir resultados de manera efectiva sin perder de vista la esencia humana en la toma de decisiones y el fomento de habilidades blandas que nos distinguen como líderes.

En las páginas que siguen, el lector encontrará la esencia de una experiencia tangible y respaldada por los años de trabajo, investigación y análisis de Xavi Escales, exdirector general de Asics Iberia. Su trayectoria no solo refleja éxitos empresariales, sino también una profunda comprensión de los desafíos y las oportunidades que presenta la intersección entre el liderazgo, la tecnología y el bienestar de los empleados en la era digital. En este sentido, Escales emerge como una voz autorizada para comprender la relación entre el mundo corporativo tradicional y la nueva ola de transformación digital. Su visión holística se ha forjado en el campo de la alta dirección, donde ha experimentado de primera mano el cambio de los métodos de liderazgo convencionales hacia las nuevas formas de gestión de los equipos en un entorno digitalizado y globalizado. Desde esa perspectiva, el libro aporta un enfoque práctico destinado a convertir la desmotivación en compromiso, a prevenir el agotamiento de los empleados y a fomentar el éxito en el trabajo híbrido, en el que la presencialidad y el trabajo remoto convergen para potenciar la productividad y el bienestar. Además, no ignora la importancia de comprender a las nuevas generaciones, especialmente los *millennials* y la generación Z, cuyas expectativas, motivaciones y formas de trabajo desafían los paradigmas establecidos. De este modo, Escales, con su mirada atenta y su experiencia, desentraña los secretos para conectar con estas generaciones y canalizar su potencial en beneficio mutuo. No obstante, el valor de este libro no solo radica en su capacidad para trascender las barreras generacionales y sectoriales, ni en ser una guía práctica para líderes empresariales; sino en su función de faro para cualquier individuo que aspire a liderar con sensibilidad humana en un mundo digitalizado. Y es que este libro ofrece una comprensión profunda sobre cómo fusionar tecnología y empatía, optimizar el desempeño y el bienestar de los equipos y cómo moverse con éxito en un entorno laboral en constante cambio.

En definitiva, *Claves del liderazgo de éxito en la era digital* se alza como un compendio esencial que refleja la evolución empresarial en el siglo XXI, como referente de conocimiento en el cruce entre lo digital y lo humano y, también, como una guía indispensable para aquellos que buscan triunfar en un entorno laboral cambiante, donde la tecnología se entrelaza con la necesidad de liderazgo empático y estratégico. Su enfoque integral beneficia a líderes empresariales y se posiciona como recurso invaluable para cualquier individuo que aspire a liderar con integridad en este nuevo paradigma laboral. A nivel personal, Xavi es un gran amigo y uno de los mejores profesores de ISDI; con él he disfrutado siempre mucho de sus clases y tengo la certeza de que los lectores también lo harán con este libro, en el que, una vez más, muestra su talento para compartir sus conocimientos de una manera amena y directa.

RODRIGO MIRANDA
Socio director general de ISDI

# Introducción

En el complejo y dinámico escenario empresarial del siglo XXI, el liderazgo se ha convertido en clave fundamental para el éxito —presente y futuro— de las organizaciones. En medio de esta realidad me decidí a escribir este libro, que busca trascender las teorías convencionales, ofreciendo una guía práctica y empática para líderes y empresas ávidos de alcanzar un liderazgo auténtico y efectivo. En estos últimos años, después de dejar mi puesto en una gran multinacional y crear mi propia empresa, he tenido el privilegio de conocer decenas de compañías, desde pequeñas *startup* hasta grandes organizaciones, y he sido testigo de los desafíos, oportunidades y necesidades tanto de sus líderes como de sus empleados. En este sentido, la motivación para escribir estas páginas surge de una convicción arraigada: la creencia inquebrantable en el potencial transformador del liderazgo centrado en las personas. Este viaje comenzó con un propósito claro: ayudar a empresas que están buscando su camino en un mundo empresarial altamente competitivo y en constante cambio. Los centenares de empleados con los que he tenido la suerte de coincidir, desde mis clases en escuelas de negocios hasta mis charlas motivacionales, me revelaron una necesidad apremiante de comprensión, apoyo y dirección auténtica. Por este motivo, la esencia del libro radica en la síntesis de estos años de aprendizaje, investigación y colaboración directa con empresas de distintos sectores y culturas. No se trata solo de teorías abstractas o conceptos genéricos, sino de potenciar la comprensión de las particularidades empresariales actuales para dar un enfoque posible del liderazgo centrado en las personas. A lo largo de estas páginas espero aportar estrategias pragmáticas, estudios de casos reveladores y herramientas prácticas diseñadas para empoderar a los líderes y elevar la experiencia de los empleados. Confío en que este libro guíe a las empresas hacia un futuro en el que el capital humano sea el epicentro de la estrategia y el éxito empresarial y, al mismo tiempo, que se beneficie de ello el máximo número de personas, porque las empresas y los empleados hemos de ir de la mano, o no iremos a ninguna parte. En definitiva, este libro no solo es fruto de la experiencia y el conocimiento acumulados, sino también del firme deseo de marcar una diferencia significativa en el mundo empresarial actual. Es una invitación a explorar un nuevo paradigma de liderazgo, en el que las personas son la prioridad y el éxito empresarial se forja a través de la comprensión, la empatía y la acción transformadora.

# 1. Inteligencia artificial y habilidades blandas, el nuevo paradigma

La inteligencia artificial no es un problema, sino una oportunidad para reinventarnos a nosotros mismos.

RAY KURZWEIL

¿Van a ser los empleados sustituidos por robots o inteligencias artificiales en las empresas? Esa es la pregunta que le hice a ChatGPT y la respuesta fue: «No todos los sectores y todas las empresas se verán afectados de la misma manera». En los últimos meses, un altísimo porcentaje de la población hemos mantenido alguna conversación en el ámbito profesional o personal en la que se ha planteado con cierta zozobra la idea de que los robots y los algoritmos nos van a quitar el trabajo. Vivimos una era en la que nos sentimos especialmente vulnerables viendo cómo el mundo que hemos conocido hasta ahora está cambiando de manera vertiginosa. Ante la inestabilidad e incertidumbre mundial, con los conflictos bélicos, la inflación y los tipos de interés altos que no ayudan al crecimiento económico, no podemos dejar de mirar con recelo la inteligencia artificial (IA), que ha llegado a nuestras vidas de manera disruptiva y ha pasado a formar parte de nuestro día a día sin llamar a la puerta.

## Los riesgos y retos de la era de ChatGPT

El escenario que trae la IA conlleva, sin duda, nuevos caminos y obstáculos, pero, al mismo tiempo, entraña algunos riesgos. Los trabajos que requieran tareas repetitivas y estandarizadas serán los más susceptibles de ser automatizados y habrá que transformar el panorama laboral. Pero podemos mirarlo también desde otra perspectiva: la tecnología nos va a liberar de algunos trabajos más tediosos y monótonos mientras que nosotros, los seres humanos, vamos a jugar un papel clave a la hora de crear experiencias que marquen la diferencia; y es que los estudios demuestran que el porcentaje de actividades que pueden ser completamente automatizadas no es tan alto. Todos aquellos trabajos que requieran habilidades humanas únicas, como la creatividad, el pensamiento crítico o la empatía, difícilmente van a ser sustituidos por robots o por algoritmos. Un estudio de la revista *Forbes* avanzaba hace unos años que el factor humano no solo es necesario, sino que va a ser clave para el éxito de las empresas en la era digital. El nuevo paradigma de la IA nos trae grandes oportunidades y retos. Como dice la ingeniera Sabine Hauert: «Los robots no van a reemplazar a los humanos, van a hacer que su trabajo sea mucho más humano.

Difíciles, degradantes, exigentes, peligrosos, aburridos: estos son los trabajos que realizarán los robots». En la misma línea se expresa el reconocido neurocientífico Abhijit Naskar: «La única manera de asegurarse de no perder el trabajo con la llegada de la IA es hacer algo que la IA no puede hacer y lo único que la inteligencia artificial no puede hacer, pero un humano sí, es ser original. Por lo tanto, puedes hacer algo original y ninguna IA puede reemplazarte». La IA va a transformar —está transformando— el mundo de la empresa: hará desaparecer algunos puestos que deberán transmutarse, pero también creará nuevas oportunidades de trabajo. En este sentido, cabe decir que el factor humano no solo es necesario, sino que va a ser clave para el éxito de las empresas en la era digital.

## La llegada de la IA, un revulsivo para hacernos más humanos

> Una máquina no puede sentir lo que está haciendo.
> Solo sigue las instrucciones de los seres humanos.
>
> ABHIJIT NASKAR

Tendemos a sobreestimar la capacidad de las máquinas y a no tener en cuenta lo valiosos que podemos ser los seres humanos para muchos trabajos. Y eso hace que muchas veces estemos en una situación de desánimo, haciéndonos creer que no podemos hacer más que rendirnos ante esta nueva e incierta era. Nos olvidamos que el ser humano tiene mucho que aportar sobre la máquina y que siempre será superior a ella. Naskar lo decía: «Cada máquina tiene inteligencia artificial. Y cuanto más avanzada sea una máquina, más avanzada será la inteligencia artificial. Pero una máquina no puede sentir lo que está haciendo. Solo sigue las instrucciones —nuestras instrucciones— de los seres humanos». Las habilidades blandas o *soft skills* son exclusivas del ser humano y van a ser esenciales en el futuro laboral. Es en ellas en las que tenemos que invertir energía. La llegada de la IA debe actuar como un revulsivo para hacernos más humanos. Esto no es ni una guerra ni una rendición, es poner las máquinas a nuestro servicio. Cualquier usuario al que le hayan cancelado un vuelo prefiere que le atienda una persona que va a resolverle la incidencia a escanear un código QR. Pero más allá del simple contacto humano —fundamental porque somos seres sociales—, una máquina tampoco va a poder aportar creatividad ni espíritu crítico.

Son otras muchas más las habilidades blandas que podemos aportar los humanos: la capacidad de innovar, de aprender y de resolver problemas complejos, la curiosidad, el tener perspectiva, la perseverancia, el ser honestos, la inteligencia social, la amabilidad, el amor e incluso el buen humor. Hay estudios que demuestran que, en aquellas empresas u organizaciones donde los empleados se ríen más, la cuenta de resultados es mucho más positiva que en aquellas otras donde la cultura es más seria y están mal vistas las conductas distendidas y las risas.

En la cumbre de la pirámide de esas habilidades está el liderazgo, del que hablaremos en profundidad en capítulos posteriores. Si las personas van a ser claves en las empresas del presente y del futuro por estas habilidades blandas alguien clave también tiene que liderarlas.

## Vuelta a los orígenes

Ninguna de estas habilidades mencionadas anteriormente choca con el uso de la tecnología, pero sí van a marcar la diferencia. La tecnología, a mi parecer, nos ha intoxicado un poco y, sin duda, es muy positiva en muchos aspectos, pero nos hemos olvidado de para quién la utilizamos y quién va a hacer un buen uso de ella. Y quienes lo van a hacer somos las personas. Cada vez más empresas son conscientes de ello y están implementando en su cultura una vuelta hacia los orígenes, hacia el ser humano, para tener en cuenta lo que aportamos y apostar por nosotros. Este es, en mi opinión, el camino hacia el éxito empresarial: la apuesta por el ser humano, junto con factores claves como la tolerancia, la gestión del estrés y la flexibilidad.

Ciertamente, las personas vamos a ser claves en ese futuro cada vez más tecnológico gracias al desarrollo de nuestras habilidades blandas, pero, además, jugaremos un papel fundamental siempre y cuando nos brillen los ojos con nuestro trabajo, nos apasione y estemos realmente comprometidos, porque es entonces cuando una persona está realmente comprometida, cuando consigue su mejor versión y es capaz de aplicar o desarrollar esas habilidades innatas. Al otro lado de la balanza, la realidad es que la cada vez mayor complejidad en las organizaciones va en contra de que los empleados se comprometan seriamente, y esa tendencia suscita preguntas como estas: ¿Qué es el compromiso? ¿Cómo afecta su ausencia? ¿Cómo medirlo? ¿Cómo aumentarlo? De todo ello hablaremos en el siguiente capítulo.

A continuación sintetizo las ideas fundamentales de este primer capítulo:

a) La entrada tan rápida en escena de la IA nos ha hecho a todos sentir que se tambaleaban nuestros cimientos, preocupados por ir hacia un mundo bajo el control de las máquinas.

b) La IA en el mundo de la empresa trae algunos obstáculos, pero también muchas oportunidades. Los trabajos con tareas más repetitivas podrán ser automatizados; sin embargo, el ser humano será clave a la hora de crear experiencias. No sobreestimemos la capacidad de las máquinas; pongamos el foco en la realidad y esta nos dice que somos fundamentales.

c) La llegada de la IA debe actuar como un revulsivo para hacernos más humanos e invertir energía en las habilidades blandas, exclusivas de las personas. Ninguna máquina podrá sustituir habilidades como la creatividad, el espíritu crítico, la curiosidad, la perseverancia, la inteligencia social, la amabilidad, el amor o el buen humor.

d) La tecnología es muy beneficiosa, pero nos ha alienado y nos hemos olvidado para qué la utilizamos, quién va a hacer uso de ella y también que quienes la van a desarrollar y usar somos las personas.

## 2. De la desmotivación al compromiso

El pago de la nómina no puede comprar la pasión de tus empleados.

El 90 % de los ejecutivos entiende la importancia de que los equipos estén cada vez más comprometidos, pero menos del 50 % de estos cargos sabe cómo conseguirlo. Las cifras de un estudio de Deloitte nos alertan de esto. En este sentido, es indudable que tenemos retos importantes por delante.

Cuando hay situaciones complicadas a nivel macroeconómico, como la que estamos viviendo en la actualidad debido a la inestabilidad mundial o momentos difíciles para las compañías, está demostrado que tener organizaciones con un nivel de compromiso alto ayuda a mejorar los resultados. ¿Por qué? Porque los empleados comprometidos trabajan de manera diferente, superan las expectativas y hacen esfuerzos diferenciales; y esto permite a las organizaciones tener una ventaja competitiva respecto a otras: emplear tiempo y energía en que los empleados estén más comprometidos beneficia tanto a las compañías como a los trabajadores. Y es que los números hablan por sí solos: aquellas empresas que invierten en aumentar el compromiso del empleado tienen un retorno notable de esta inversión. Hay estudios que demuestran que esta inversión amplía a casi un 20 % la productividad y que aumenta un 10 % la fidelidad de los clientes porque se sienten mejor tratados y aporta más de un 20 % de los beneficios en estas empresas.

En la actualidad, sin duda, el compromiso del empleado es la métrica que más se debe tener en cuenta en las organizaciones. Analicemos con detalle esta premisa: ¿qué es el compromiso? ¿Hay un perfil de trabajador o trabajadora más comprometido? ¿Qué provoca la falta de compromiso? ¿Cómo afecta? ¿Cómo medirlo? ¿Cómo aumentarlo? Y es que, según las estadísticas, el compromiso aumenta casi un 20 % la productividad, un 10 % la fidelidad de los clientes y más de un 20 % los beneficios.

## ¿Qué es el compromiso?

Hay muchas definiciones de *compromiso*. Mi preferida explica el compromiso del empleado como la relación o el vínculo emocional que este tiene con la organización, las personas y los objetivos. Para el trabajador o trabajadora, la organización no es un ente etéreo que cotiza o no en bolsa, todo lo contrario, para él o ella la empresa es, sobre todo, el conjunto de personas con las que trabaja cada día y que le impactan de manera positiva porque tiene una buena relación, aprende y se siente reconocido; al mismo tiempo, también pueden impactarle de manera negativa, porque le tratan mal, no le dejan desarrollarse y no siente que su trabajo sea valorado por ellos. Ese vínculo tiene que ver con la sensación que con nuestro trabajo contribuimos a hacer algo de lo que estamos orgullosos, nos llena de satisfacción y queremos compartirlo con la gente que apreciamos. El compromiso, por tanto, no es una característica de los empleados, sino más bien el resultado de la experiencia que deberían crear las organizaciones, los mánagers y los miembros del equipo para hacer sentir a los trabajadores que vale la pena levantarse cada día para hacer algo de lo que se sientan orgullosos.

## Compromiso vs. felicidad

El compromiso funciona a medio y largo plazo frente a la felicidad, que funciona a corto plazo. Tienen más peso las acciones regulares que las puntuales.

El compromiso del empleado no es lo mismo que la felicidad del empleado. La felicidad funciona a corto plazo. Imaginemos la siguiente escena: un mánager ofrece a un empleado un aumento de un 50 % de su sueldo. Ante esta noticia el trabajador tiene un pico de felicidad, soñando con todo lo que va a hacer con ese dinero de más. Media hora después, el mánager le informa que, a partir de ahora, va a trabajar en un proyecto mediocre con un equipo con el que no tiene buena relación y que su jornada laboral va a ser de quince horas diarias. Ante esto habrá una caída de la felicidad. Como vemos, la felicidad del empleado funciona a corto plazo en todos los sentidos. El compromiso del empleado, por su parte, funciona a medio y largo plazos. Las sensaciones que vivimos en la empresa día tras día, semana tras semana, mes tras mes, con el jefe, la jefa o los compañeros son las que llevan a querer comprometerse con ese proyecto y con esas personas cada día. Como el compromiso funciona a medio y largo plazos se necesitan inversiones de manera regular. No tienen por qué ser muy altas, pero sí estar bien orientadas. La felicidad ayuda al compromiso, pero más allá de las acciones siempre beneficiosas de cohesión de equipo a través de celebraciones o eventos puntuales, debemos tener siempre muy presente que tiene mayor peso lo que vivimos cada día que las acciones concretas.

Además de la felicidad del empleado, que son cápsulas puntuales de buenos o malos momentos que el trabajador experimenta, y el compromiso, que funciona a medio y largo plazos, está la satisfacción del empleado, que es el nivel mínimo que requiere una persona para rendir en el trabajo. La frase que diría este trabajador es por todos conocida: «Bueno, al menos esto me sirve para pagar facturas». Este, sin embargo, no debería ser el objetivo de una empresa.

A menudo se confunde también el término *compromiso del empleado* con la motivación. La motivación, en la misma línea que la felicidad, suele ir mucho más a corto plazo.

Una persona, por ejemplo, puede trabajar en circunstancias que le resultan motivadoras, pero eso no impide que busque cambiar de trabajo. En cambio, si esa persona está realmente comprometida, es mucho más difícil que se plantee cambiar de trabajo. En estos casos, la empresa tendrá más facilidad para hacer crecer la motivación del trabajador, ya que tiene una respuesta más directa del empleado más a corto plazo; sin embargo, aquellas que quieran tener éxito también a medio y largo plazos deben centrarse en el compromiso del empleado.

Hay un cuarto concepto, que funciona como palanca para conseguir el compromiso del empleado: se trata del bienestar del trabajador tanto a nivel interno, dentro de la compañía, como externo. Si una persona trabaja en un entorno muy estresante, eso va a repercutir en su vida personal y viceversa. Nuestra vida privada y nuestra vida laboral están muy relacionadas, mucho más de lo que pensamos y, en ningún caso, son entes separados. Estos cuatro conceptos —compromiso, felicidad, satisfacción y bienestar— son variables para tener en cuenta en la fórmula final.

## De la desconexión emocional a la acción en contra de la empresa

Los últimos estudios demuestran que, de media, el número de empleados altamente comprometidos en las compañías no pasa del 20-25 %. Si los empleados no están comprometidos es imposible que vibren con su trabajo y, en consecuencia, tanto su experiencia propia como la que hagan sentir a sus clientes se va a ver muy afectada. Hay informes que van más allá y demuestran que alrededor del 50 % de los trabajadores con bajo nivel de compromiso y bajo nivel de bienestar está pensando en cambiar de empresa. Esto nos muestra que la realidad de los empleados está en el lado opuesto a uno de los principales objetivos de toda compañía, que es captar y fidelizar talento. Por otro lado, la mayoría las personas que no están comprometidas se sienten, según Gallup, desconectadas emocionalmente de su trabajo, lo que provoca un enorme impacto negativo. Y cerca del 20 % tiene un grado de desconexión tan alto que están activamente no comprometidas, es decir, están tomando iniciativas para que a su compañía le vaya mal. La cifra que menciona que el 80 % de los trabajadores en España se deprime en mayor o menor manera el domingo por la tarde pensando en los lunes por la mañana es un reflejo de los niveles preocupantemente bajos de compromiso de los empleados y de las empleadas.

Por otro lado, la mitad de los españoles se siente atrapada en su puesto de trabajo, por lo que no se desempeña con pasión. La incertidumbre económica está haciendo que muchas personas no opten por intentar cambiar de trabajo. Esto es un problema tanto para los trabajadores, que no son felices, puesto que no están a disgusto pero tampoco comprometidos, como para las empresas, porque la efectividad va a ser pobre. No se trata de que los empleados pasen más horas trabajando, sino de que a las horas que trabajen le pongan pasión, energía y empujen la estrategia de la compañía y consigan sus objetivos.

## El perfil de los trabajadores comprometidos

Indudablemente, los empleados implicados actúan como «dueños» de la empresa, impulsándola. Por el contrario, la falta de compromiso lleva a consecuencias como la que desvelaba un estudio de Gartner: el *discretionary effort*, el esfuerzo extra que se le pide a las personas para marcar la diferencia con los clientes ha descendido un 35 % en los últimos cinco años. Si este esfuerzo disminuye, la persona va directamente a su trabajo pensando en la hora de marcharse. Esto está provocando el ya extendido término *quiet quitting* («renuncia silenciosa»), que implica que los trabajadores cada vez se dedican a hacer lo mínimo imprescindible que aparece en la descripción de su trabajo. Esta situación está llevando al usuario final a sorprenderse cada vez más cuando en una tienda o en un restaurante lo tratan bien, ya que una de cada tres experiencias que tenemos a la hora de consumir o de comprar algún producto es negativa. Al final, somos testigos de una paradoja: por un lado, las empresas trabajan para mejorar la experiencia del cliente, pero, por otra, algunos empleados no están dispuestos a hacer este esfuerzo. En España esto ha llevado a que el 40 % de las personas esté reduciendo su gasto y el 30 % haya dejado de comprar o consumir en algunos comercios. Las organizaciones tienen un riesgo del 10 % de reducir sus ingresos debido a estas experiencias negativas.

Los datos de compromiso y desafección del personal varían en función de la edad, el género, la antigüedad y el tamaño de la compañía, entre otros parámetros.

1. **Edad.** El compromiso es superior en los empleados de más de cuarenta años respecto a los más jóvenes (la desafección activa está creciendo especialmente en las generaciones más jóvenes, por debajo de los treinta y cinco años), aunque estas estadísticas pueden estar algo sesgadas, ya que el nivel de compromiso de los mánagers suele ser superior al de los empleados que se encuentran más abajo en la escala de la compañía. No obstante, los estudios demuestran que lo más adecuado es tener gente de diferentes generaciones. Este dato debe servir de alerta para las empresas que prescinden de sus empleados a partir de cierta edad.

2. **Género.** Hay diferencias en el nivel de compromiso de las mujeres, un poco superior al de los hombres.

3. **Antigüedad.** Hay una correlación entre el tiempo que se lleva trabajando en la empresa y el nivel de compromiso. Quienes llevan menos de un año tienen un compromiso muy alto, por encima del 50 %. Entre el primer y el tercer año hay una bajada, un segmento en el que los empresarios deberían enfocar su atención para elevar su compromiso. La implicación vuelve a recupe-

rarse en aquellas personas que llevan más de cinco años en la compañía.

4. **Lugar de trabajo.** Se encuentran variaciones entre las personas que trabajan de manera cien por cien presencial y las que trabajan de manera híbrida. Estas últimas, según las estadísticas, están un poco más comprometidas.

5. **Tamaño de la compañía.** Cuanto más grande es la empresa, más difícil es encontrar empleados altamente comprometidos, ya que en mayor medida se sienten un número más en la organización y no perciben un reconocimiento al trabajo realizado. En el lado opuesto, las pequeñas y medianas empresas tienen un 20 % más de personas comprometidas.

6. **Países.** No hay muchas diferencias según la situación geográfica. Un estudio del ADP Research Institute demostraba que el país donde el nivel de compromiso es más alto es Emiratos Árabes Unidos, con un 26 %, mientras que China está alrededor del 6 % y España alrededor del 16 %.

Para poder afinar más las estrategias a seguir para aumentar el compromiso, las empresas deberían empezar a segmentar a sus empleados y empleadas, entre los que se distinguen cuatro grupos:

1. El primero es donde están aquellos altamente comprometidos y son referentes en las compañías, embajadores tanto interna como externamente.

2. El segundo engloba a aquellos moderadamente comprometidos, bastante conectados con su trabajo. El objetivo

con ellos sería subirlos un nivel más y convertirlos en los mejores representantes de la compañía.

3. El tercer grupo integra a aquellos que están solamente un poco comprometidos, un poco indiferentes, con falta de motivación y una posibilidad alta de que dejen la compañía.

4. Por último, se encuentran los activamente no comprometidos, que son los que más afectan a la productividad, a la experiencia del cliente y, por tanto, a las empresas. La compañía debe realizar acciones e invertir energía en no tener personas de este grupo.

Expertos en *marketing* confirman que los mejores embajadores de la compañía son sus empleados. Si están comprometidos, lo transmitirán y cada uno de sus mensajes en su entorno o en redes sociales será mucho más creíble que las publicaciones que haga la empresa directamente. Además, un estudio de Gallup señala que estas personas atraerán más fácilmente el talento a estas empresas al recomendarlas, algo de gran valor teniendo en cuenta la dificultad para adquirir talento de las compañías hoy en día. Por el contrario, según diversos estudios, con los empleados que no están comprometidos caen en picado las recomendaciones para atraer talento. De hecho, se calcula que cuestan a la compañía el equivalente al 18 % de su salario anual, su productividad baja por encima del 20 %, tienen un 65 % más de posibilidades de dejar la compañía y un 40 % más de posibilidades de absentismo. En nuestro país, las cifras de absentismo son cada vez mayores, suponiendo una factura para las empresas y para la seguridad social de muchos miles de millones de euros. El último informe de Randstad Research sobre absentismo laboral en España estima que cada día se ausentaron de su puesto de trabajo sin estar de baja médica una media de trescientas mil personas.

## Poca inversión en aumentar el compromiso y pérdidas millonarias

Todos estos datos nos deben hacer reflexionar sobre lo mucho que se puede hacer como empresa. Muchas veces las compañías no tienen una cultura que promueva a las personas, todo lo contrario, a menudo los empleados se sienten muy limitados para aportar más o, si lo hacen, no se valora esa implicación. En otras ocasiones también influye el presupuesto, en el que no se reserva una partida para estas políticas. A menudo, el problema está simplemente en la comunicación interna e incluso externa: empresas que lanzan programas internos interesantes no los comunican bien a los empleados, y empresas que, haciéndolo bien, no lo saben comunicar externamente. Sea por estas razones o por otras, los datos dicen que aproximadamente un 30 % de empresas todavía no está haciendo nada para aumentar ese compromiso; un 25 % están en las primeras fases, un 15 % solo han establecido objetivos, un 20 % han puesto en marcha planes, pero no de una forma global, y solo un 10 % de empresas en todo el mundo tiene un programa bien estructurado enfocado a conseguir aumentar ese compromiso. El 81 % de los líderes de las compañías, según un estudio de *Harvard Business Review*, está de acuerdo en que tener empleados altamente comprometidos hace que aumente la productividad y mejoren los resultados. A pesar de que está demostrado que esa inversión se rentabiliza con creces y, por el contrario, se estima que el coste global de estos niveles tan bajos en el mundo implica pérdidas económicas de más de ocho mil millones de euros al año, las organizaciones no tienen todavía una gran implicación en la implementación de programas de desarrollo del compromiso del empleado. Solo el 37 % de los líderes está de acuerdo en que el compromiso del empleado es un área donde su empresa se está centrando.

No obstante, en Estados Unidos son cada vez más conscientes de esto y un estudio de Deloitte señalaba que las empresas gastan allí ya más de mil millones de dólares para mejorar ese compromiso. Se estima que, antes del año 2030, el 90 % de las empresas más grandes del mundo, aquellas que superan los 5.000 empleados, ya tendrá en marcha iniciativas en este sentido para mejorar el compromiso de los empleados. Todas aquellas inversiones para mejorar los niveles de compromiso serán provechosas. Las empresas deben verlo bajo ese prisma como una inversión y no como un gasto. Tener a los empleados más comprometidos permite entrar en un círculo virtuoso en el que se transmite una mejor experiencia al cliente, se le fideliza más y eso hace que el éxito de los negocios esté más garantizado. Hoy en día no se trata tanto de tener compradores puntuales, sino clientes fidelizados que valoran todo aquello que estamos haciendo y ofreciendo. Esto nos permite, a su vez, que los errores que podamos tener de manera puntual —como cualquier ser humano— sean perdonados porque el cliente sabe que ha sido algo excepcional. El mejor servicio y la mejor versión en todo momento avalan a la empresa y al trabajador y repercuten positivamente en todos. Hay estudios que demuestran que mejorar un 1 % el compromiso de los empleados tiene un impacto de cientos de miles de euros al año en medianas y grandes empresas.

## Inspirar, dar un sentido al trabajo y permitir mostrar el potencial

En beneficio de todos, apremian los cambios. ¿Cuáles son las principales palancas para aumentar el nivel de compromiso, especialmente en esta época de crisis?

1. **Visibilidad.** Esta implica poner en evidencia las contribuciones, habilidades o logros de un empleado ante un público más amplio dentro de la empresa. Puede incluir acciones como menciones en reuniones, destacar su trabajo en comunicaciones internas, presentaciones o promover su participación en proyectos relevantes. La visibilidad busca exponer las capacidades y el valor que un empleado aporta al equipo y a la empresa en general.

2. **Transparencia.** La segunda palanca tiene que ver con la seguridad de mantener el trabajo, el conocimiento de los objetivos que se persiguen y, con ello, la conciencia de por qué vale la pena trabajar en ese puesto y en la dirección indicada. La fortaleza de este punto es directamente proporcional a la transparencia y a las relaciones en la compañía. En aquellas empresas o grupos de trabajo donde existe más confianza, transparencia, comunicación y relaciones más sanas se aumenta de manera espectacular el compromiso. Los estudios dicen que cuando los objetivos y las responsabilidades están claras hay tres veces más personas altamente comprometidas. En el lado opuesto, hay estudios que demuestran que casi la mitad de los empleados empiezan el día sin tener muy claro qué se espera de ellos. En esta situación es casi imposible conseguir altos niveles de compromiso.

3. **Reconocimiento.** La tercera palanca es el reconocimiento del trabajo, que se refiere a la apreciación formal o informal de los logros, esfuerzos o contribuciones de un empleado. Esto puede realizarse mediante premios, menciones de reconocimiento, bonificaciones, felicitaciones públicas o privadas, entre otras formas. El reconocimiento reconoce y valora el esfuerzo, la dedicación y los resultados positivos de un empleado.

Aunque parecen similares, dar visibilidad y reconocimiento son dos conceptos distintos pero complementarios: dar visibilidad a un empleado implica mostrar sus capacidades y contribuciones a un público más amplio, incluso fuera de la empresa, mientras que darle reconocimiento implica valorar y apreciar específicamente sus logros y esfuerzos en un ámbito más reducido. Ambos son muy importantes. La despersonalización del trabajo y la ausencia de felicitación por las labores bien hechas hace que se desconecte, descienda el nivel de compromiso y no se muestre todo el potencial. Cuando los empleados creen que serán reconocidos por su trabajo aumenta casi tres veces la posibilidad de que estén altamente comprometidos. En definitiva, las empresas tienen la responsabilidad de hacer sentir al trabajador lo valiosas que son las tareas que realiza: inspirarle para que se dé cuenta de cuál es su contribución a su trabajo y lo crucial que es para que la compañía alcance sus objetivos, mostrarle que esos objetivos no son solo monetarios, sino que hace algo que vale la pena, y permitirle desarrollar sus mejores habilidades.

La labor de las compañías tiene una doble vertiente. Por un lado, a nivel del equipo, se pueden llevar a cabo acciones para que el trabajador y la trabajadora encajen rápido, haya confianza y cohesión de grupo y se trabaje en un entorno en el que se sepa que va a aprender y se les va a exigir también. Eso les hará sentirse orgullosos de trabajar en esa empresa. Por otro lado, también hay una labor a nivel de la organización. Muchas veces las empresas se esfuerzan por conseguir sellos de empresas de consultoría que les garantizan que son un lugar interesante para trabajar, pero el mejor sello que puede haber es, como señalaba antes, la recomendación de alguien que está trabajando dentro de la compañía a su entorno.

Cuando alguien trabaja en un equipo en el que se siente a gusto hay unas barreras ya establecidas para que no se vaya a otras compañías por mucho que le paguen más. El salario motiva a corto plazo, pero al cabo de dos o tres meses las personas solemos haber adaptado nuestros niveles de gasto a nuestros nuevos ingresos. En cambio, trabajar con quienes sabes que te valoran por lo que aportas tanto a nivel profesional como personal, y que te exigen para dar tu mejor versión permitiéndote crecer, aumenta los niveles de compromiso. Otro estudio indica que a menudo los cambios en los niveles de compromiso están muy relacionados con cómo la organización trabaja para desarrollar a sus empleados. De ahí que hacer crecer a la gente va a ayudar mucho a que su nivel de compromiso sea más alto.

Estas acciones repercuten doblemente en el empleado. Por un lado, de manera directa y, por otro, porque lo que sienten y dicen quienes nos rodean en el trabajo afecta también a nuestro nivel de compromiso. Si trabajamos con personas que de manera frecuente expresan emociones negativas nos va a afectar, especialmente si quien expresa esa negatividad es nuestro mánager. El compromiso del empleado y el resultado del trabajo en equipo van de la mano: si hay una persona que no está comprometida dentro de un equipo afectará al compromiso del resto de las personas y será muy difícil poder desempañarse con un alto rendimiento.

# Herramientas para aumentar el nivel de compromiso

Son muchas las acciones que puede llevar a cabo la empresa de manera sencilla y que van a resultar muy beneficiosas para el empleado y, por lo tanto, para la propia organización. A mi parecer, estas que cito a continuación son indispensables:

1. **Comunicación.** Informar correctamente de los beneficios que ofrece la empresa para ayudar al bienestar físico, emocional o financiero de los empleados, entre otras. Esto puede ayudar mucho a aumentar ese compromiso, especialmente si estos beneficios llegan a través de actividades relacionadas con una vida más saludable, con más desconexión digital y más actividad física.

2. **Flexibilidad.** Ofrecer flexibilidad horaria para facilitar la conciliación, momentos que permitan desconectar plenamente y la oportunidad de trabajar en remoto algunos días a la semana.

3. **Valía.** Transmitir el valor que le dan a las personas. La empresa debe ser capaz de demostrar a los empleados y a las empleadas que se les valora no solo por la cantidad de trabajo que son capaces de hacer, sino porque son lo más valioso que tiene la compañía.

4. **Escucha.** A menudo se olvida valorar las opiniones de las personas que vienen con nuevas ideas. Esto no quiere decir que haya que llevar a cabo todas las propuestas que se realizan, pero solo el hecho de escuchar y poder tener en

cuenta aquellas acciones que son interesantes hará sentir a las personas que vale la pena comprometerse de verdad.

5. **Reuniones uno a uno con el superior.** Hay tres maneras de medir el compromiso de los empleados: la primera, mediante encuestas realizadas por empresas especializadas en esa medición; la segunda, recogiendo datos de manera más automatizada y analizándolos a través de *data analytics*; y la tercera, incorporando algoritmos que puedan dar información en tiempo real sobre el nivel de compromiso de nuestros empleados.

Sin embargo, para escuchar el sentir del empleado no son necesarios sofisticados estudios. Reuniones a solas con el mánager —idealmente cada tres meses— en un espacio tranquilo y de escucha empática son muy valiosas. Tener la oportunidad de compartir con el mánager aumenta los niveles de compromiso y al superior le permite conocer mejor la situación de sus trabajadores y explicarles las decisiones que está tomando la compañía. Ser capaces de que los empleados entiendan el objetivo futuro de la empresa y se sientan partícipes de ese éxito futuro resulta muy beneficioso. Por otro lado, estas reuniones permiten conocer bien a los empleados, lo que supondrá una oportunidad para utilizar sus principales fortalezas y reforzar la confianza entre trabajador/a y jefe/a, lo que permitirá trabajar sin miedo constante al error y al castigo. En definitiva, sentirse escuchado y tener la oportunidad de compartir con el mánager aumenta los niveles de compromiso y al directivo le permite conocer mejor al empleado o empleada.

El mánager debe aprovechar estas reuniones para hacer preguntas honestas y claras: ¿cuál es tu opinión sobre cómo se trabaja en equipo en esta compañía?, ¿crees realmente que se puede confiar en los líderes y en los compañeros en esta empresa?, ¿crees que te ofrecen suficientes oportunidades de crecimiento y desarrollo en tu puesto actual?, ¿cuál es tu opinión respecto al nivel de comunicación de los diferentes temas de la organización y los cambios que hay? También es muy interesante conocer su opinión sobre la confianza que pueda tener en el futuro y tratar aspectos puntuales como cuáles son los rasgos que definirían la política de reconocimiento que existe en la compañía, el modelo de retribución o cómo se valora a las personas a la hora de pagarles sus bonus. Es interesante también preguntar a los empleados si consideran que encajan bien en el puesto en el que están, qué opinión tienen sobre la atmósfera de trabajo o si sus valores personales encajan con los de la organización. También su opinión sobre la cultura de empresa, si fomenta el trabajo de la mejor manera, si realmente piensa que en la compañía se cree en el trabajo que hace o si la misión, visión y valores de la compañía son compartidos por las personas.

6. **Capacitación de los mánagers.** Una de las principales barreras de muchas organizaciones, a pesar de los esfuerzos que hacen las compañías, es la falta de habilidades de los mánagers. Aproximadamente un 40 % no sabe mantener conversaciones empáticas y efectivas con sus empleados. Acciones como la del presidente de El Corte Inglés, Jesús

Nuño de la Rosa, que realiza giras por los centros para estar cerca, escuchar y motivar a los trabajadores, son muy positivas en todas las compañías y especialmente importantes en las de venta de producto al consumidor final. El mánager tiene la llave del compromiso del empleado, por lo que a sus habilidades le dedicaremos un capítulo más adelante.

7. **Correcta gestión de los procesos.** El 70 % de los empleados cree que los procesos de gestión de la compañía juegan en contra de aumentar su compromiso. Aunque hay burocracia necesaria, debemos trabajar para ver qué podemos hacer en las compañías para evitar los procesos innecesarios y mitigar las consecuencias de los que son imprescindibles.

8. **Atención a los teletrabajadores.** A raíz de la pandemia ha crecido enormemente el teletrabajo que, como hemos visto anteriormente, ayuda a que las personas estén más comprometidas. Sin embargo, no todos los trabajadores lo viven igual. Algunos empleados se sienten aislados, echan en falta colaborar más para ser más efectivos y eficientes. Sienten que necesitan una relación social con compañeros y responsables. Para aumentar el compromiso de estos trabajadores es interesante aprovechar la tecnología para que el equipo esté conectado social y emocionalmente, sin olvidar mostrar el reconocimiento por la contribución de cada uno. Como en el resto de trabajadores y trabajadoras, se debe priorizar la labor en equipo, dar a los empleados herramientas y recursos adecuados y dejar claras expectativas y objetivos. No obstante, dada la importan-

cia que ha cobrado el teletrabajo en esta era, también trataremos sus necesidades específicas más adelante.

## La cultura de empresa que todos quieren

Una cultura de empresa para maximizar el nivel de compromiso debería ser una cultura inclusiva, diversa, flexible, positiva, donde se muestre preocupación honesta por las personas y se las apoye en todo lo que sea posible, teniendo en cuenta su vida personal. Eso implicaría el desarrollo de una cultura retadora por parte de la empresa, donde los empleados trabajen con pasión e intensidad, pero en la que también haya momentos de entretenimiento y desconexión.

Los principales beneficios de esta cultura y de tener a trabajadores comprometidos son muchos, como hemos estado viendo en estas páginas: aumenta la productividad, se reduce la pérdida de talento, es mucho más difícil que dejen la compañía porque se sienten parte de ella, aumenta la innovación porque se aportan ideas, se reduce el absentismo, aumenta el servicio al cliente y la experiencia de cliente mejora.

Stephen R. Covey lo resumió muy acertadamente: «Trata siempre a tus colaboradores exactamente de la misma manera como desearías que trataran a tus mejores clientes». Tony Hsieh fue un paso más allá: «Creo que una de las razones por las que las personas no quieren ir a trabajar los lunes al trabajo es porque están dejando una parte de ellos en sus casas. ¿Por qué no desafías a tus empleados a traer todos sus talentos al trabajo y recompensarlos no solo por hacer lo que todos hacen, sino por ir más allá, ser aventureros, creativos, de mente abierta y probar cosas nuevas?».

De este segundo capítulo me gustaría extraer los siguientes titulares:

a) El compromiso del empleado, la métrica que más se debe tener en cuenta en las organizaciones, es el vínculo emocional que se tiene con la organización, las personas y los objetivos; por tanto, no es una característica de los empleados, sino la experiencia que deben crear las organizaciones para hacer sentir que ese trabajo vale la pena.

b) Compromiso y felicidad del empleado no es lo mismo. El compromiso funciona a medio y largo plazo, es algo a trabajar a diario; la felicidad es a corto plazo, tanto de subida como de bajada y sujeta a hechos puntuales.

c) Las cifras son alarmantes. Un 50 % de trabajadores con bajo nivel de compromiso está pensando en cambiar de empresa; el 60 % de las personas que no están comprometidas se sienten completamente desconectadas emocionalmente de su trabajo; el 80 % de los trabajadores en España odia los lunes y cerca del 16 % tiene un grado de desconexión tan alto que está tomando iniciativas para que a su compañía le vaya mal.

d) Solo un 10 % de empresas en todo el mundo tienen un programa bien estructurado enfocado a conseguir aumentar ese compromiso, a pesar de que está demostrado que esa inversión se rentabiliza con creces.

e) Las empresas tienen la responsabilidad de inspirar al trabajador para que se dé cuenta de cuál es su contribución a su trabajo y lo valioso que es para que la compañía alcance sus objetivos, mostrarle que esos objetivos no son solo monetarios, sino que hace algo que vale la pena y permitirle desarrollar sus mejores habilidades.

f) Comunicación, flexibilidad, transmitir valía, escuchar, reuniones con el mánager, capacitación de los líderes, correcta gestión de los procesos… son muchas las acciones que puede llevar a cabo la empresa de manera sencilla y que van a resultar muy beneficiosas para el empleado y, por lo tanto, para la propia organización.

g) Para maximizar el nivel de compromiso, una empresa debe tener una cultura inclusiva, diversa, flexible, positiva, de apoyo al trabajador y a la trabajadora, y una cultura retadora, en la que se trabaje con intensidad, pero también haya momentos de entretenimiento.

# 3. Del síndrome del trabajador quemado al bienestar

Cuando a las personas se les invierte financieramente, quieren un retorno. Cuando a las personas se les invierte emocionalmente, quieren contribuir.

SIMON SINEK

Decía Albert Schweitzer que «el éxito no es la clave de la felicidad. La felicidad es la clave del éxito». Esta máxima debería tenerla muy presente el buen mánager, porque según las estadísticas una de cada tres personas es infeliz en su vida personal y laboral. La cifra está en aumento y año tras año alcanza máximos históricos. El principal predictor de la felicidad es, a su vez, el nivel de bienestar, uno de los aspectos que más influye en el compromiso del empleado. En este sentido, las principales causas de bajada del bienestar que provocan a su vez una bajada en el compromiso de los empleados son las siguientes:

1. **Estrés laboral.** Es la causa principal que lleva a los trabajadores a tener un bajo nivel de compromiso en sus funciones (afecta al 45 %). Según un estudio publicado recientemente, el 43 % de los españoles reconoce que se siente emocionalmente mal o muy mal y 1 de cada 5 casos de depresión viene provocado por el estrés laboral.

2. **Estrés personal.** Algunos empresarios, jefes o jefas, siguen aferrados a la idea de que los problemas se dejan en casa, pero no es real. No somos unos en casa y otros en el trabajo. Los problemas personales que estemos atravesando afectarán, sin duda, a nuestro nivel de bienestar y de compromiso en el trabajo.

3. **Preocupaciones financieras.** Todas aquellas personas que están pasando por momentos complicados en sus finanzas personales tienen muy afectado su nivel de bienestar y, con ello, su nivel de compromiso laboral.

4. **Problemas de salud.** El bienestar físico se correlaciona de forma directa con el bienestar emocional de una persona. De hecho, uno de los factores que más influye en el nivel de bienestar físico es la cantidad y calidad del sueño. Si alguien, ya sea por motivos profesionales o personales, tiene problemas de descanso, se verá afectada muy negativamente su capacidad de comprometerse en el trabajo.

5. **Ambiente laboral tóxico.** La quinta causa que provoca la bajada del nivel de bienestar es un ambiente laboral lleno de tensiones entre compañeros, situaciones de discriminación o acoso, falta de respaldo y comunicación defi-

ciente que implican situaciones realmente complicadas con las que lidiar.

## Estrés, distrés y *burnout* o síndrome del trabajador quemado

El estrés, causa principal de esa bajada de compromiso, no es malo en sí; es una reacción fisiológica normal frente a una necesidad de alto resultado y, en un nivel bajo, nos permite estar más concentrados y motivados y nos activa para dar nuestra capacidad óptima en el trabajo. Cuando ese estrés es demasiado intenso o duradero y no nos permite recuperarnos surge el distrés. La clave es estar en el punto adecuado de estrés, en el punto óptimo, justo antes de que se convierta en distrés, baje el rendimiento y baje el bienestar.

El *burnout*, por su parte, es el estrés crónico vinculado al trabajo. Alargado en el tiempo, puede llevar a la enfermedad. En 2019 la Organización Mundial de la Salud lo incluyó en la Clasificación Internacional de Enfermedades. En ella especificaba los tres elementos que caracterizan al síndrome del trabajador quemado:

1. Sensación de agotamiento de manera sostenida en el tiempo.
2. Sentimientos negativos relacionados con el trabajo.
3. Eficacia profesional reducida, especialmente en perfiles que antes tenían unos resultados mucho mejores.

Aunque a veces se confunden, tampoco es lo mismo estrés y ansiedad. El estrés es la presión mental resultante de estar en un entorno con circunstancias muy exigentes y adversas, mientras que la ansiedad es el nerviosismo o la incomodidad que provoca el hecho de afrontar un evento ante el que no nos sentimos seguros y tememos no estar a la altura que se espera de nosotros.

## ¿Por qué el 75 % de las visitas médicas están relacionadas con el estrés?

La falta de equilibrio entre la vida personal y profesional está aumentando el estrés y la insatisfacción con el trabajo diario. Y nuestra falta de bienestar emocional supone un peaje importante en nuestra salud. El 61 % de los empleados dice que el estrés laboral le ha hecho enfermar o no sentirse en plenitud de sus condiciones físicas y mentales y el 7 % ha tenido incluso que ser hospitalizado. El Centro para el Control de las Enfermedades estima que el 75 % de las visitas médicas están relacionadas con el estrés.

A los síntomas físicos conocidos como dolor de cabeza, problemas de estómago, tensión muscular, fatiga o ritmo cardíaco alto se suman los provocados por el consumo de comida poco saludable, que suele dispararse con altos niveles de estrés. Este hecho se percibió claramente durante la pandemia y se ha mantenido después. En la actualidad seguimos consumiendo numerosos alimentos poco saludables.

El 50 % de las personas reportan episodios puntuales de lo que se ha llamado «comer bajo estrés» (*stress eating*), altos niveles de estrés y ansiedad que llevan a buscar consuelo en el consumo de comida muy calórica y poco saludable. Más allá de la comida poco saludable, los altos niveles de estrés suponen también un aumento de consumo de bebidas alcohólicas, lo que repercute seriamente sobre nuestra salud. Hay también una profunda fatiga mental. A nivel cognitivo cuesta pensar con mayor claridad, hay más dudas a la hora de tomar decisiones y más dificultades para enfocarse en un problema. El estrés en niveles altos y continuados afecta al cerebro, en concreto a la parte del neocórtex, e impide dar nuestra mejor versión enfocándose especialmente en la creatividad, lo que nos hace ser menos productivos y tener menor capacidad de trabajo. Es imposible tener nuestras mejores ideas si estamos altamente estresados. Uno de los indicadores más claros de que estamos encaminándonos peligrosamente hacia esos altos niveles de estrés y *burnout* es ese sentimiento de no ser capaces de gestionar la carga de trabajo con la que estamos lidiando en el día a día.

Entre los efectos psicológicos se encuentran dificultades para conciliar el sueño, principios de depresión, insatisfacción y ansiedad por falta de tiempo. Se produce, además, una despersonalización, distanciando a la persona de su tarea laboral, lo que repercute en la ineficacia. El psicólogo Herbert Freudenberger definía el estrés como un efecto de despersonalización: el trabajador se siente alejado emocionalmente de su labor, donde se pierde la sensación de logro, el trabajo cada vez importa menos y hay un cansancio emocional que impide tener una actitud positiva frente al trabajo y a la vida en general. En el área del comportamiento también hay efectos, entre ellos, tendencia a la irascibilidad y con ella a la discusión, absentismo, consumo de sustancias tóxicas y aburrimiento.

## ¿Quiénes son los trabajadores más afectados?

Conocer el perfil de los empleados más propensos a caer en el estrés continuado puede ayudar a los mánagers a poner el foco de atención en ellos.

Por género, a las mujeres les suele afectar más el cansancio emocional y a los hombres lo relacionado con la despersonalización del trabajo. Las cifras desvelan que alrededor de un 35 % de las mujeres y un 25 % de los hombres lo padecen. El mayor estrés en las mujeres se debe principalmente a las dificultades para conciliar la vida laboral y personal. De hecho, el grupo en el que más se detecta es en mujeres con edades comprendidas entre los 35 y 49 años y madres de niños pequeños. En la misma línea, cerca del 80 % de padres y madres de familia están sufriendo altos niveles de estrés, entre un 15 y un 20 % más altos que aquellos que no tienen niños a su cargo. Estos datos nos deberían hacer reflexionar como sociedad sobre la conciliación laboral y personal, por un lado, y el papel del hombre en las tareas domésticas y familiares, por otro.

Respecto a las generaciones, las más jóvenes son las más afectadas. Alrededor del 80 % de los *millennials* (nacidos entre 1981 y 1994) y los Z (nacidos entre 1995 y 2010) están sufriendo, al menos de manera puntual, síntomas ligados a altos niveles de estrés, como dolores de cabeza y fatiga. La cifra es superior a la que sufre la generación X (nacidos entre 1965 y 1981) y los *baby boomers* (nacidos entre 1946 y 1964). Los trabajadores más cualificados y comprometidos, los que se suelen llamar excelentes, son, como señalaba la OMS, los que tienen más probabilidad de llegar a niveles altos de estrés y *burnout*, especialmente cuando el proyecto necesita de sus fortalezas. Son las personas más propensas al agotamiento y suelen tener una gran capacidad de volcarse en lo que están haciendo. Su afán por querer hacer siempre el trabajo perfecto causa un impacto negativo en ellos. Su responsabilidad y su autoexigencia les hace querer dar siempre su mejor versión y olvidarse de ellos mismos, lo que les limita para poder escuchar las señales que el propio cuerpo manda a modo de migrañas, problemas de sueño, dolores estomacales, etc. Por otro lado, las compañías suelen requerir más atención de estas personas que saben que les dan resultados excelentes, por lo que se les acaba sobrecargando y presionando.

La barrera entre el distrés y el *burnout* es, hoy en día, muy fina. Las cifras son alarmantes. El 70 % de los empleados cualificados han experimentado *burnout* en el último año y el 38 % aproximadamente odia su trabajo tanto que no se lo desearía ni a su peor enemigo. Después de la pandemia de la Covid-19, la que está azotando hoy en día a las personas es la pandemia de la salud emocional, del estrés, distrés y *burnout*. Desgraciadamente, ante estos números, no extraña que se estén registrando las mayores cifras de suicidios de la historia.

La frontera que separa nuestra vida profesional de nuestra vida personal, y al revés, cada vez está más difuminada. Este desazonador escenario está haciendo ya actuar a países como Inglaterra, donde han empezado a surgir lugares como *self space*, entornos diseñados para ayudar a las personas a cuidar su bienestar emocional. Ofrecen servicios y actividades, talleres y sesiones —individuales y en grupo— destinados a promover la relajación, la gestión del estrés y el bienestar en general. Disponen de psicólogos clínicos, psicoterapeutas, *coaches*, terapeutas artísticos y especialistas en traumas.

## Herramientas para trabajadores y mánagers para prevenir el *burnout*

A principios de la década de 2010 aproximadamente un tercio de las personas consideraba que experimentaba estrés durante gran parte de su día. A principios de esta década la cifra ha subido a cerca del 50 % en Europa. España se sitúa en esa media, mientras que en Italia están bastante más altos y en otros países, como Dinamarca, están por debajo. Se dice que ocho de cada diez personas sufren mucho estrés, pero no están preparadas para asumir los cambios en su vida que comportaría esa reducción del nivel de estrés, es decir, sabemos qué deberíamos hacer para reducir nuestros niveles de estrés, pero nos cuesta pasar a la acción. Es aquí donde las empresas pueden jugar un papel fundamental para ayudar a los empleados a dar los pasos en la dirección correcta, sentirse mejor y ser más productivos. Esto cobra mayor importancia si cabe en entornos de grandes cambios, en entornos disruptivos como los que estamos viviendo. Este esfuerzo compartido empezó a dar sus frutos a principios de 2010, momento en el que se percibió un aumento en la demanda de aplicaciones de salud emocional, lo que significa que muchas personas pasaron y han pasado ya a la acción buscando ayuda y recursos en beneficio de su bienestar emocional. Reducir los niveles de estrés es positivo para todos: para nosotros como individuos, para nuestros compañeros o equipos y, por supuesto, para la empresa (algunos estudios cifran el coste del estrés laboral en Estados Unidos en más de treinta mil millones de dólares al año perdidos en productividad). Al bajar esos niveles, conseguimos ganar confianza y una buena relación interpersonal, crecer y aprender cosas nuevas. En definitiva, se trata de una palanca para abrir oportunidades para todas estas áreas de crecimiento personal y profesional.

¿Qué podemos hacer como empleados y como mánagers para frenar la tendencia al *burnout*? Todos tenemos responsabilidad a la hora de mejorar nuestros niveles de estrés. Si el empleado o empleada debe estar atento a signos alarmantes y a buscar su descanso obligado, también lo debe hacer el líder. Un ejemplo de esa búsqueda de bienestar de los empleados es la multinacional americana Nike, que ha tomado distintas y novedosas iniciativas, entre ellas cerró sus oficinas una semana con la intención de obligar a sus trabajadores a una pausa para mejorar la salud emocional. Microsoft, por su parte, llegó incluso a pagar días extras a sus empleados para forzar el descanso. Decía John Newton que «es fácil vivir día a día si únicamente nos enfocamos en las preocupaciones de ese día. Pero la carga del día a día se volverá agotadora si también sumamos la carga de ayer e, incluso, la de mañana, que todavía ni siquiera ha llegado». El ser humano es muy capaz de gestionar perfectamente momentos puntuales de estrés; sin embargo, como especie, sufrimos mucho cuando esas puntas de estrés se mantienen en el tiempo e incluso llegan a ser crónicas. Solo entre el 5 y el 15 % de empleados en el mundo está especialmente de acuerdo en que su organización hace esfuerzos importantes para ayudarles a llevar una vida un poco más saludable, y la mayoría cree que falta mucho por hacer. Sin embargo, solo uno de cada tres empleados está de acuerdo con la afirmación de que la empresa ofrece los recursos adecuados para gestionar el estrés en el trabajo. Hay muchas acciones no siempre costosas y sí muy efectivas que pueden realizar trabajadores y empresas, pequeños cambios que repercuten directamente en el bienestar del empleado y, por tanto, en el ambiente, la productividad y los resultados.

## Concienciación de hábitos de salud

Más allá de mejorar la cuenta de resultados, las compañías tienen que ser humanas, preocuparse no solo por sus beneficios, sino también por las personas que les ayudan a conseguir esos beneficios. Compartir con empleados y empleadas hábitos de salud en el trabajo es positivo para todos, y uno de los grandes pilares de la salud es la alimentación. Las compañías deberían poner su foco de atención en ayudar a los empleados a salir de los hábitos perjudiciales, apoyándoles en la medida de lo posible, sin entrometerse en su vida personal.

Entre los hábitos de salud laboral está también el cuidado de la espalda. Está demostrado que pasar muchas horas sentados y no estirar la columna vertebral afecta a la salud de nuestra espina dorsal y directamente al estrés. Levantarnos cada cierto tiempo para estirar nuestra columna nos ayudaría a aliviar los síntomas de ese estrés. Algo tan sencillo, sin embargo, todavía no está bien visto en la mayoría de las empresas. Aunque cueste creerlo, se falla mucho en lo básico. Muchas veces planteo a los líderes que para evitar el *burnout* empiecen por el principio, haciendo una lista de los básicos para ver si los siguen. Por ejemplo, ¿está bien visto que el trabajador o trabajadora se levante de su sitio y se dé una vuelta caminando durante unos pocos minutos o está mal visto? ¿Está bien visto que se levante a beber agua de manera regular para hidratarse adecuadamente? ¿Está bien visto que se coman *snacks* saludables durante la jornada de trabajo para no tener caídas de glucosa (y de rendimiento)?

## Desconexión

Cada vez somos más conscientes de las preocupantes consecuencias del estrés crónico, pero, a menudo, cuando empezamos a tomar medidas es cuando ya se ha sobrepasado el umbral del distrés y estamos cerca del *burnout*. Para evitar llegar a ese punto la clave está en planificarse momentos de descanso y de desconexión. Como decía Anne Lamott: «Casi todas las cosas volverán a funcionar si las desenchufas por unos minutos… incluso tú».

Los diferentes estudios demuestran que deberíamos planificarnos esos momentos de recuperación cada día, no solo esperar a los fines de semana o las vacaciones. En ocasiones, solo una pequeña inversión de tiempo, dedicar quince minutos al día de nuestra jornada laboral a algo que nos ayude como meditar, dar un paseo o desconectar escuchando nuestra canción favorita, puede ser de gran utilidad tanto para empleados como para el mánager. Hace falta todavía un gran cambio de mentalidad para que los empresarios entendamos que estar esos quince minutos al día desconectados no significa estar perdiendo el tiempo, sino todo lo contrario: significa estar cargando pilas para poder llevar a cabo mejor nuestras tareas.

## Deporte

La actividad física es otra gran aliada contra el *burnout* y sus consecuencias. Quienes hacen ejercicio de manera más habitual tienen una capacidad mucho mayor de recuperarse de sus niveles de estrés. Practicar nuestra actividad deportiva favorita nos garantiza momentos de desconexión tan necesarios para sostener y superar la tensión sufrida. Aproximadamente el 15 % de trabajadores y trabajadoras sufre una falta crónica de desconexión del trabajo que impacta directamente en sus niveles de estrés y *burnout*. Sin recuperarnos de manera completa y regular no podremos tener una buena salud y, por tanto, no podremos conseguir los niveles necesarios de productividad y creatividad.

**Autoconocimiento**
Conocerse a uno mismo y ser capaces de observar si están apareciendo signos en el día a día que puedan indicar que nosotros o alguien del equipo está encaminándose a una situación de *burnout* es muy valioso para poder tomar medidas lo antes posible. Algunos signos que debemos tener en cuenta son estar exhaustos de manera regular o tener dificultades para dormir, ver disminuciones importantes en la productividad, cometer errores o volverse más olvidadizos cuando antes no ocurría, enfermar de manera habitual, mayor tristeza o irritabilidad. Ante estas señales habría que bajar un poco el ritmo de trabajo, siendo responsables con nosotros mismos desde nuestro autoconocimiento y autocuidado.

Los puestos de liderazgo deben ayudar al bienestar del empleado y promover que pidan apoyo si lo necesitan. Hay compañías que ofrecen el apoyo necesario, pero no se dan cuenta de que muchos de sus empleados no se atreven a pedir ayuda por miedo al qué dirán o por vergüenza, así que las empresas deben ser proactivas y recordar que si se necesita apoyo van a estar para ofrecerlo.

## Conciliación

El primer paso hacia el bienestar del empleado por parte del mánager es tomar conciencia de los niveles de estrés y ansiedad tan altos en la actualidad. El segundo es ayudar a conciliar para que el empleado o la empleada no estén estresados en casa pensando en el trabajo que tienen, y tampoco lo estén en el trabajo pensando en que hay cosas en casa que no van a poder hacer por la cantidad de trabajo que tienen. Las compañías deberían tener también presente la situación financiera de sus empleados, una de las causas de mayor preocupación y estrés, e incluso, si es posible, formarlos en esta área.

## Compasión

El término *compasión* debería pasar a formar parte de la mentalidad empresarial. Por lo general, el mánager tiene capacidad para enfocar a trabajadores y trabajadoras hacia los objetivos, pero a menudo no es lo suficientemente compasivo cuando hay razones lógicas que no han permitido llegar a esos objetivos. Para los empleados es muy importante sentir que, a pesar del esfuerzo realizado, si las circunstancias no han permitido conseguir esos objetivos, el superior y el responsable de recursos humanos lo van a entender y van a llevar a cabo las acciones necesarias para lograr la meta. Esto no tiene que ver con no ser exigentes, todo lo contrario, hay que ser exigentes, de hecho, muy exigentes, pero también ser comprensivos y entender que hay causas extraordinarias o fuera de nuestro control que impiden al trabajador llevar a cabo sus labores.

### Confianza y escucha

Es importante permitir decir no a determinadas situaciones u objetivos. Muchas veces desde el departamento de recursos humanos o el mismo mánager no son conscientes de que algunas acciones son imposibles. Yo siempre recuerdo que el PowerPoint o el Excel lo aguantan todo, pero quien va a desarrollar la estrategia de la compañía son los empleados. Por tanto, se debe estar más abiertos y dar más oportunidad a que los empleados puedan opinar sin miedo a represalias, decir «así no es la mejor manera» (con justificación y propuestas alternativas) a algunos planteamientos, y abrir un canal de comunicación fluido que permita llegar a acuerdos que se puedan cumplir con el conocimiento y la experiencia de empleados y jefes.

### Trato justo y transparencia

Una de las razones que más provoca insatisfacción en el empleado es la falta de coherencia. El mánager debe mostrarse cuidadoso con sus actitudes con un trato justo a todos los empleados. Debe también ofrecer confianza y ganarse el respeto dando una carga de trabajo razonable y real, una buena comunicación en la que se explique el porqué y para qué de lo que se les exige, y una correcta gestión de los plazos de entregas. Todo aquello que tenga que ver con una presión no racional con las cargas de trabajo puede afectar muchísimo a los niveles de *burnout*.

## Reconocimiento y coherencia

Como señalaba en el capítulo anterior, el reconocimiento a los esfuerzos y el trabajo bien hecho debería también potenciarse tanto por parte de los jefes de equipo como por el departamento de recursos humanos. No suele haber suficiente reconocimiento y esa simple acción ayudaría mucho a bajar los niveles de estrés y de ansiedad. No hace falta premiar siempre, muchas veces tan solo saber que se valora el esfuerzo que estamos haciendo cambia las emociones negativas por positivas y se alcanzan los objetivos con mayor rapidez. Además de la importancia del reconocimiento al esfuerzo, el trabajador necesita sentir que hay un equilibrio entre los valores y las habilidades que se piden en la compañía y el reconocimiento que se termina dando. La compañía debe ser consciente de sus valores y vivir de acuerdo con ellos. Defender un valor sobre papel y obviarlo a la hora de actuar provoca desgaste emocional. Por ejemplo, si en una empresa un valor importante es el trabajo en equipo, pero luego esto no se lleva a la realidad, el empleado sufrirá más estrés.

## Cultura colaborativa

Al reconocimiento del mánager se debe sumar el reconocimiento del equipo. El líder debe potenciar el apoyo de los compañeros con una cultura colaborativa de trabajo en equipo.

## Atención específica al área de recursos humanos

Un estudio de la revista *Forbes* alertaba de que el 98 % de los profesionales de recursos humanos están afectados por el *burnout* al menos de vez en cuando. Si las personas que tienen que cuidar de los empleados en las empresas son las que más están sufriendo, el resultado nunca será positivo. El área de recursos humanos fue una de las más afectadas durante la pandemia, en la que hubo que gestionar situaciones de mucho estrés que están saliendo a la superficie tiempo después. Estos profesionales se han sentido solos muchas veces, con el peso de tener que cuidar a los demás cuando ellos y ellas también sufrían lo suyo.

## Atención específica a los perfiles de trabajadores

Cuando los mánagers con equipos grandes me preguntan en qué centrarse para mejorar el bienestar del empleado, recomiendo dedicar tiempo a todos los empleados, pero si nos queremos centrar en aquellos que tienen más riesgo de estar en *burnout*, hay una fórmula que no suele fallar: el 20 % del equipo suelen ser los empleados de más alta contribución, los excelentes. «Empieza por esos, porque son los que más riesgo tienen», les digo. Se debe prestar especial atención a las personas de alto potencial, recordarles la importancia de cuidarse y mostrarles que tomar las pausas necesarias para recuperar la energía no es algo negativo, sino, al contrario, cuanto mejores sean las circunstancias, más se brilla y más valor se aporta a la compañía. No todos los trabajadores y trabajadoras necesitan lo mismo. Lo ideal sería, en la medida de lo posible, segmentar a los empleados por sus diferentes perfiles para maximizar el impacto de las acciones que se hacen en la empresa y poder ayudar a personas con necesidades diferentes.

## Adaptación a nuevos escenarios

Los empresarios se deben adaptar a los distintos perfiles y, por supuesto, a los nuevos escenarios, que han cambiado completamente. Las empresas ya no son compartimentos estancos, estamos ante lo que se ha acuñado como la *gig economy* o economía de los encargos (*gig* hace referencia a trabajos que se realizan de manera puntual o por proyectos). En este modelo, las personas trabajan como autónomas o contratistas independientes, ofreciendo sus servicios o habilidades a través de plataformas en línea o directamente a empleadores. Esto les permite tener más flexibilidad en sus horarios, elegir los proyectos en los que desean trabajar y tener un mayor control sobre su vida laboral. Sin embargo, también puede implicar una menor estabilidad laboral, acceso limitado a beneficios tradicionales y la necesidad de administrar aspectos financieros y de seguro por cuenta propia. Respecto a las empresas, la *gig economy* está cada vez más extendida y cada vez más organizaciones tienen un vínculo muy fuerte con este tipo de trabajadores. Si esa fuerte relación con externos la gestionamos bien y facilitamos que todas las partes interesadas trabajen en la misma dirección, ayudaremos a que disminuyan los niveles de estrés.

Por otro lado, hay otro término cada vez más en boga, la *YOLO Economy* (acrónimo de *You Only Live Once*). La mentalidad cada vez más presente de que «solo se vive una vez» está conduciendo a la tendencia de los trabajadores que están quemados en el trabajo y se dan cuenta de que no les compensa trabajar sufriendo un impacto negativo tan importante en su salud física y emocional, lo que les impide disfrutar de la vida. Muchos trabajadores cualificados han decidido aprovechar algunos ahorros y dejar de trabajar en empleos estables para empezar a buscar formas de ganarse la vida de manera alternativa, con el objetivo de disfrutar y tener la sensación de estar aprovechando la vida.

Esta tendencia se ha acrecentado mucho desde la pandemia. Los picos de trabajo y el estrés se han multiplicado, cada vez las personas trabajan más. Sienten que pasan diez o doce horas al día trabajando para ganarse la vida cuando la vida se puede ir en cualquier momento. Los empresarios deben ser conscientes de que es algo que está ocurriendo seguramente también entre sus empleados y hay que aceptarlo.

Una de las principales consecuencias del síndrome del trabajador quemado es la emigración del talento a otras compañías acentuada con la pandemia, que ha traído al escenario el concepto de *The Great Resignation*. Traducido al castellano como «la gran dimisión» o «la gran renuncia», se refiere a las personas que durante la pandemia tomaron consciencia de su insatisfacción y renunciaron a su trabajo por buscar una vida de mayor bienestar. Según el portal Monster.com, el *burnout* es la principal razón que lleva a alguien a querer cambiar de trabajo, seguido de cambios en las organizaciones, falta de flexibilidad, beneficios insuficientes y ese sentimiento de que la compañía no se preocupa por el bienestar de sus empleados.

## Revisión de esquemas tradicionales

El alto nivel de *burnout*, que se ha multiplicado a raíz de la pandemia, está forzando a algunas compañías a reconsiderar esquemas tradicionales, entre ellos las jornadas de cuarenta horas semanales. Los resultados en *startups* y empresas mayores donde se está aplicando están siendo muy positivos y se están viendo en el nivel de bienestar de empleados e incluso en la productividad y los resultados de la compañía.

## Reducción de reuniones

Tras la pandemia casi se ha duplicado el número de horas de reuniones que muchas veces quitan tiempo para dedicarlo al trabajo, aumentan nuestro nivel de distrés y, por consiguiente, nuestra probabilidad de caer en *burnout*. La CEO de Citigroup dio la orden de que durante los viernes no se hiciera ninguna videoconferencia para permitir que los trabajadores se pudiesen centrar en su trabajo. Google, por su parte, creó un plan para ayudar a sus empleados a evitar el *burnout*, muy ligado a las reuniones; especificó cómo se tenían que hacer estos encuentros e incluso creó semanas donde se recomendaba no tener ninguno. Los resultados fueron muy positivos.

## Respeto a los horarios

Otra iniciativa que se está llevando a cabo es prohibir que un superior contacte con un empleado después del horario laboral. En Portugal, incluso, se ha hecho por ley.

## Una vida personal plena

Ante el planteamiento de algunos líderes que me dicen que solo pueden actuar en una cosa para evitar el *burnout*, yo siempre recuerdo una encuesta de Statista. Según esta, lo que más reduce el *burnout* en el trabajo es que tengamos una vida personal plena. Si tenemos estabilidad en nuestro hogar, si practicamos algún deporte o de manera habitual podemos disfrutar de nuestros *hobbies* como leer, pasear por la naturaleza, disfrutar de una buena gastronomía, ir al cine o viajar, entre otros, seremos mucho más efectivos en el trabajo. En este sentido, está demostrado que personas que están pasando por una situación complicada en su vida personal se queman mucho antes en el trabajo. Incido en la idea de que no somos personas diferentes las que venimos a trabajar y las que estamos en casa, somos la misma persona y lo que pasa en los dos ámbitos nos afecta. En Estados Unidos ya están empezando a medir cuál es la sensación de disfrute de los empleados, de tener una vida plena y saborear más momentos, porque esto repercute en el compromiso en el trabajo. Tom Peters, un gurú estadounidense, dice que para que tus trabajadores funcionen hay que recordarles que su familia es lo primero. Si el trabajador lo está pasando mal en su vida personal, es muy difícil que funcione bien en el trabajo porque estará más irascible, con menos paciencia y menos ganas de relacionarse y empatizar con los demás.

El 25 % de los empleados mencionan su trabajo como el principal motivo de estrés en su vida. Los estudios confirman que el KPI (o indicador clave de rendimiento) más importante en una compañía es el nivel de compromiso del empleado. Este aumenta cuando existe un buen equilibrio entre la vida personal y la vida laboral. Siempre va a haber picos de estrés tanto en nuestra vida personal como en la laboral, pero si estamos equilibrados, si nos sentimos satisfechos con el balance entre ambas vidas, disminuye mucho el nivel de estrés y aumenta en la misma medida el nivel de compromiso. En mi opinión este debería ser el principal indicador que midiesen las compañías si quieren tener éxito a medio y largo plazos. Para ello se debe invertir en trabajar los puntos de bienestar de nuestros trabajadores, maximizando así su compromiso. Según un estudio reciente, si queremos maximizar el compromiso de nuestros empleados, deberíamos ir a un entorno de trabajo híbrido combinando presencial y remoto, pero si queremos minimizar el sentimiento de *burnout*, tenemos que atender a los perfiles de las personas para que, en función de si necesitan sociabilizar, tengan la posibilidad de trabajar más de manera presencial.

Afortunadamente, cada vez se aprecian más acciones, pequeñas o grandes, para mejorar el bienestar de los empleados. Prestando atención a algunos detalles podemos evitar llegar a las alarmantes cifras de Estados Unidos, donde se estima que uno de cada cinco adultos acabará teniendo algún problema de salud mental motivado por arrastrar durante mucho tiempo niveles altos de estrés y *burnout*. Estamos muy acostumbrados a planificar las tareas de trabajo que consideramos importantes y poco habituados a planificarnos las cosas que nos van a permitir rendir más en el trabajo. Michelle Obama introdujo una idea muy interesante, la de planificar nuestra felicidad y nuestros momentos de desconexión para reducir nuestros niveles de *burnout* y aumentar nuestro nivel de compromiso en las compañías y nuestra productividad. Paralelamente, Simon Sinek también trajo grandes recomendaciones en el campo del *burnout* y el equilibrio entre vida personal y profesional. Invito a leerle o escuchar cualquiera de sus charlas.

## ¿Estamos en el buen camino?
## El valor de las encuestas

La tendencia a pensar en el bienestar del empleado es positiva, sí, pero queda mucho por hacer e investigar, ya que no todo lo que se está llevando a cabo es beneficioso. Hay diferentes ejemplos de distintas empresas que han sido valientes y han tomado iniciativas con buena intención, pero a veces se falla a la hora de documentarse bien y ser conscientes de lo que realmente es efectivo y lo que no. A menudo veo esfuerzos de muchos líderes, ejecutivos y ejecutivas que, con la mejor intención, llevan a cabo inversiones importantes, pero los niveles de *burnout* persisten. Hay que buscar que el retorno de la inversión en todas estas políticas de bienestar corporativo sea el mayor posible. Para ello es importante tener en cuenta las estadísticas, ver a quién afecta más y por qué y no tratar a todos los empleados y empleadas por igual, sino intentar, en la medida de lo posible, encontrar soluciones que encajen con las necesidades de cada una de estas personas. Todos estamos en el mismo barco y cuanto mejor estén los empleados mejor les irá a las empresas. Hay estudios que demuestran que solo el hecho de creer que se puede salir de una situación de *burnout* y saber que se cuenta con ayuda mejora la salud emocional.

Yo siempre digo que todo aquello que no se pueda medir es difícil que se pueda valorar en su justa medida. Por eso, invito a establecer algún modelo de reporte para ver cuántos casos se están tratando, qué colectivos son los más afectados o, de las acciones que se están llevando a cabo, cuáles son las que funcionan mejor. Esto puede ayudar a crear un modelo que se pueda ir mejorando en el tiempo para ser cada vez más efectivo. Las encuestas para valorar las acciones de las empresas no tienen por qué ser complicadas, unas sencillas y bien hechas pueden dar el suficiente nivel de percepción para saber dónde está el problema y cuál es su magnitud. Sin hacer grandes inversiones de dinero, hay muchas preguntas que pueden dar grandes pistas. Estas preguntas son tan básicas como qué valoración tienen los empleados del reconocimiento que se les da, si hay una buena comunicación, si las responsabilidades están claras, si hay confianza en los líderes de las empresas, si hay límites claros en los horarios, cuál es el nivel de satisfacción del trabajo... Si se les explica a los empleados para qué se están haciendo estas encuestas y luego se les comunica qué acciones se van a llevar a cabo los resultados serán muy reveladores.

Las acciones que pueden llevarse a cabo son muchas y a la vez sencillas; sin embargo, los empresarios españoles tenemos una asignatura pendiente en todo lo relacionado con la salud emocional de los empleados. La legislación incluso baraja la posibilidad de sanciones económicas si no se controla el riesgo de estrés de los empleados, pero, hoy en día, hay pocas empresas que tengan buenos procedimientos que no sean solo acciones puntuales. Debe haber una labor de concienciación de empleados y mánager sobre la importancia de cuidar la salud emocional y quitar el estigma de que, si estás mal, eres débil. En un buen equipo las personas deberían poder levantar la mano y pedir ayuda en caso de que la necesiten. Es necesario crear una cultura en la que a las personas se las pueda ayudar y tengan herramientas, eso solucionaría muchos problemas. Los líderes deberían tener más presente aquella frase tan acertada de Walt Disney: «Se puede soñar, crear, diseñar y construir el lugar más maravilloso del mundo, pero son las personas quienes hacen realidad ese sueño».

De este tercer capítulo podemos extraer las siguientes conclusiones:

- El estrés no es malo en sí, es una reacción fisiológica normal frente a una necesidad de alto resultado que nos activa para dar nuestra capacidad óptima en el trabajo. Cuando ese estrés es demasiado intenso o duradero surge el distrés. El *burnout* o síndrome del trabajador quemado, por su parte, es el estrés crónico vinculado al trabajo.

- En 2019 la Organización Mundial de la Salud incluyó el estrés en la Clasificación Internacional de Enfermedades. El Centro para el Control de las Enfermedades estima que el 75 % de las visitas médicas están relacionadas con el estrés, que provoca síntomas físicos, psicológicos y cognitivos.

- Cerca del 80 % de padres y madres de familia están sufriendo altos niveles de estrés, entre un 15 y 20 % más altos que aquellos que no tienen niños a su cargo. También tienen una alta probabilidad de sufrir altos niveles de estrés los trabajadores y trabajadoras más cualificados y comprometidos, a los que se suele llamar «excelentes».

- A principios de la década de 2010 aproximadamente un tercio de las personas consideraba que experimentaba estrés durante gran parte de su día. A principios de esta década de 2020, la cifra ha subido a cerca del 50 % en Europa.

- Ocho de cada diez personas dicen sufrir mucho estrés, pero no están preparadas para asumir los cambios en su vida que comportaría esa reducción del nivel de estrés.

- Hay muchas acciones no siempre costosas y sí muy efectivas que pueden realizar trabajadores y empresas, pequeños cambios que repercuten directamente en el bienestar del empleado y, por tanto, en el ambiente, la productividad y los resultados.

- La lucha contra el *burnout* debe ser un esfuerzo conjunto de trabajadores y mánager. Sin embargo, solo uno de cada tres empleados considera que la empresa ofrece los recursos adecuados para gestionar el estrés en el trabajo.

- Se deben planificar momentos de desconexión y recuperación cada día, no solo esperar a los fines de semana o a las vacaciones. Como decía Anne Lamott: «Casi todas las cosas volverán a funcionar si las desenchufas por unos minutos… incluso tú».

- Los empresarios españoles tienen una asignatura pendiente con la salud emocional de los empleados. En un buen equipo las personas deberían poder levantar la mano y pedir ayuda en caso de que la necesitasen.

# 4. De los viejos escenarios a las empresas flexibles, innovadoras y centradas en las personas: trabajo híbrido, nuevas generaciones, diversidad, inclusión y sentido de pertenencia

La unidad de la variedad y la variedad en la unidad
es la ley suprema del universo.

ISAAC NEWTON

Los equipos de trabajo como los hemos conocido tradicionalmente apenas existen. El mundo laboral ha cambiado drásticamente en los últimos años. Hoy muchas empresas acogen a empleados y empleadas que trabajan de manera presencial, en remoto o en modo híbrido y con gran flexibilidad horaria. También hoy, por primera vez en la historia, coinciden cuatro generaciones distintas en el mundo laboral. En consecuencia, en la actualidad se requiere, por parte de las empresas, una estrategia de diversidad e inclusión que acoja a personas diferentes.

Toda empresa debería tener una política de aceptación e integración de la variedad de empleados, tanto como individuos. Si los empleados sienten que forman parte de la organización porque son escuchados y respetados, aportarán su compromiso y su talento único, ofreciendo lo mejor de ellos. ¿Qué necesidades tiene cada una de estas personas? ¿Qué puede hacer la empresa por ellos?

## Nuevos modelos de trabajo, nuevos modelos de vida

> Que dos y dos sean necesariamente cuatro es una opinión que muchos compartimos, pero si alguien sinceramente piensa otra cosa que lo diga. Aquí no nos asombramos de nada.
>
> ANTONIO MACHADO

La pandemia ha potenciado tendencias como el teletrabajo, el nomadismo digital o el *coworking*. Diferentes estudios demuestran que la mayoría de las personas que trabajan prefieren un modelo más flexible que antes de la era Covid, cuando lo habitual era trabajar de modo presencial. Ahora la tendencia es al modelo híbrido, combinando dos o tres días a la semana *online*-presencial, que parece idóneo. Los candidatos son casi tres veces más proclives a aplicar para conseguir un trabajo que les permita trabajar en remoto, buscando así mayor equilibrio entre la vida profesional y la personal.

Este trabajo híbrido está provocando también otros modelos de vida, como vivir fuera del lugar del trabajo y trasladarse cuando este lo requiera. Hay países que se están poniendo manos a la obra a la hora de intentar ser polos de atracción de talento. Por ejemplo, Italia está ofreciendo visas a trabajadores en remoto que busquen la calidad de vida que puede ofrecer un país con esa cultura, ese estilo de vida, ese clima y esa gastronomía. También las ciudades están formando parte de estas acciones y ya hay un *ranking* mundial de las más adecuadas para los nómadas digitales. Estas ciudades buscan atraer talento ofreciendo calidad de vida y un coste menos elevado.

Independientemente de los países o el tipo o tamaño de empresa, las estadísticas dicen que trabajar con un modelo híbrido es el objetivo de la mayoría de las personas, con la excepción de quienes tienen hijos pequeños, que prefieren más un trabajo remoto para conciliar mejor los horarios. El trabajo híbrido tiene muchas variables: personas que acuden a las oficinas centrales en días pactados o según unas normas, personas que pueden acudir a diferentes oficinas en diferentes poblaciones o espacios de trabajo flexibles compartidos con otras empresas. Opciones hay muchas y las empresas cada vez se animan más a probar diferentes modelos para encontrar el más apropiado para sus trabajadores y los resultados que busca la compañía.

## Puntos fuertes y puntos débiles del teletrabajo

El trabajo en remoto tiene muchos beneficios respecto al presencial, pero también puntos negativos que se deben tener en cuenta a la hora de valorar la capacidad productiva y los resultados a conseguir. No hay dos personas iguales y hay sensaciones diferentes en torno al compartir un espacio físico cinco días a la semana o trabajar en remoto al 100 % o una fórmula híbrida. La clave suele ser buscar un equilibrio. No hay fórmula mágica que funcione por igual para todos. No todas las personas son igual de resilientes y no todas las personas tienen las mismas ambiciones, ni las mismas necesidades, ni los mismos gustos. Por tanto, intentar adecuar un modelo productivo a todos y todas es difícil.

El trabajo híbrido y el trabajo en remoto han supuesto un gran cambio en las oficinas y en las personas, en quienes está teniendo un enorme impacto y no siempre positivo. La ventaja clara del trabajo híbrido es reducir los tiempos de traslado, que hace que tengamos mejor calidad de vida y mayor productividad. Su principal escollo es que cuesta separar la vida laboral de la personal, lo que hace que aumenten los niveles de estrés. De hecho, los últimos estudios demuestran que la salud emocional se ve afectada especialmente en el teletrabajo por dos aspectos: por la dificultad de desconectar al estar siempre en el mismo ambiente y porque se pierde la conexión con las personas del trabajo con las que se tiene buena relación. Las conversaciones de café, aunque no lo parezca, son muy útiles; sirven para desconectar mentalmente y conectar emocionalmente. Quienes teletrabajan suele tener como mínimo un pico más de estrés durante el día. Al estrés de la mañana, cuando comienza la jornada, y de la tarde, habitualmente después de comer, se suma el de última hora del día, cuando empieza la noche. Estos trabajadores y trabajadoras se van a dormir de media más tarde, a menudo porque se alargan las jornadas laborales, ya que es fácil conectarse al trabajo y repasar los emails o acabar alguna tarea antes de acostarse. Su descanso y su recuperación, por tanto, son de peor calidad. Lo ideal para una buena recuperación es parar de trabajar dos o tres horas antes de irse a dormir.

Esta es una de las principales causas del *burnout* en el trabajo en remoto junto a la falta de socialización. Un artículo del *Harvard Business Review* señalaba la sensación de soledad muy ligada al teletrabajo. Hay perfiles de empleados altamente sociables que no llevan bien trabajar en remoto muchos días. En Estados Unidos ya se está estudiando lo que ellos llaman «el empleado que se siente solo». Cada persona tiene una necesidad, y entender esa diversidad y crear condiciones adaptadas a los distintos perfiles será beneficioso para trabajadores y empresas.

Para poder atender toda esa diversidad, la organización debe plantearse si todas aquellas normas de comportamiento que funcionaban antes de manera presencial siguen funcionando en la actualidad: quizá las reuniones en remoto deben ser más cortas porque cansan más, quizá no es necesario que esté todo el equipo, quizá sea oportuno hacer comunicaciones asíncronas y que no estén todos y todas en el mismo momento en la videoconferencia, etc.

La tecnología debe ser nuestra aliada, no nuestra enemiga. Se ha demostrado que el uso abusivo de las videoconferencias aumenta el nivel de *burnout*, una consecuencia que sufren más las mujeres. En remoto, además, la comunicación suele ser más complicada. Las reuniones *online* desgastan más a trabajadores y mánager. No es lo mismo liderar una reunión presencial en la que es más sencillo conectar con las personas que en remoto.

En su charla TED sobre el *burnout*, Morra Aarons-Mele habla sobre cómo el mundo laboral actual puede llevar al agotamiento extremo. Ella destaca que el entorno digital constante, las expectativas laborales y la presión por estar siempre conectados pueden contribuir al síndrome del trabajador quemado. Enfatiza la importancia de establecer límites, cuidar la salud mental y encontrar un equilibrio entre el trabajo y la vida personal para prevenir el agotamiento. También subraya la necesidad de una cultura laboral que valore el bienestar de los empleados.

**El mejor líder, el que tiene una visión más integral**
El trabajo híbrido es mucho más complejo que el presencial o que el completamente remoto porque tenemos lo mejor, pero también lo peor de ambos mundos. Yo siempre recomiendo dar formación para conseguir la figura del mentor híbrido. Tener personas con estas habilidades puede ser una gran solución para aquellos a quienes les está costando adaptarse al trabajo en remoto y para quienes preferirían no trabajar en modo presencial.

El cambio en los modelos de organización está provocando la creación de nuevos puestos. En Estados Unidos existe ya la figura del responsable del futuro del trabajo, ese que tiene la capacidad de ver hacia dónde están tendiendo las empresas y planificar, con una visión integral, cómo habrá que organizarse, cómo atender las necesidades que tendrán los empleados, qué criterios usar para contratar, cómo manejarse en el ámbito del metaverso y la inteligencia artificial o cómo pueden ayudar en el trabajo los avatares y algoritmos. Los cambios que se realicen deben contemplar a empleados, mandos intermedios y altos ejecutivos y ejecutivas.

En este sentido, el mánager debe estar preparado para organizarse de la manera más adecuada en todos los escenarios: en ocasiones estamos todos juntos, otras veces estamos completamente solos, otras estamos juntos en videoconferencia pero separados, de manera síncrona o asíncrona, en diferentes horarios, etc. Hay quien piensa que, tras los coletazos de la pandemia, se volverá al sistema tradicional de trabajo presencial, pero, salvo en los puestos en que sea imprescindible estar físicamente, el talento y las nuevas generaciones no van a permitir que las empresas vuelvan a los viejos modelos.

De este modo, solo la apertura y flexibilidad permitirán conjugar las necesidades del empleado con las de la compañía. Algunos mánager están anclados en maneras de trabajar que se han quedado ya anticuadas y quieren tener a todo su equipo en presencial controlándolo en todo momento, lo que provoca mayor *burnout*. Frente a ellos están los empleados que buscan cada vez más el modelo híbrido. Es necesario reinventarse: cómo trabajar, dónde, en qué horario, con quién y de qué manera, qué es lo que hace cada uno, qué esperamos de él o ella.

Ante este nuevo panorama corresponde redefinir la experiencia del empleado con el propósito de aunar lo que necesita la compañía y lo que esperan los trabajadores de hoy. Sus principales objetivos son:

- Posibilidad de elegir horario. Si no es necesario coincidir todos a la vez, ¿por qué empezar a la misma hora?, ¿por qué no conciliar según las necesidades de cada uno o una?
- Posibilidad de elegir herramientas de trabajo. Dar elección en algo tan sencillo como el sistema informático o las metodologías es de gran ayuda. ¿Windows?, ¿Apple?, ¿unos programas?, ¿otros? Siempre que se cubran las necesidades de la empresa, es muy valorado poder elegir la herramienta con la que el empleado o empleada se sienta más cómodo.
- Posibilidad de elegir localización. Dentro de las normas necesarias para el funcionamiento adecuado de la empresa, dar flexibilidad para elegir desde dónde se trabaja en remoto está también muy valorado por el trabajador.

**Por qué va a merecer la pena ir a trabajar a una oficina**

En los últimos años están aumentando los salarios de los trabajos en remoto. Hoy en día ya hay un 20 % de sueldos altos, cuando hace apenas 5 años solo llegaban al 2 % o 3 %. En este sentido, cuanto mayores son los beneficios del teletrabajo, cada vez más personas se preguntan por qué trabajar en la oficina si la tecnología ya permite hacerlo desde cualquier lugar. Las empresas deben encontrar la respuesta porque, si no se dan suficientes razones para comprender que vale la pena acudir físicamente al trabajo los días acordados, va a ser muy difícil captar y fidelizar talento.

Cómo puede la empresa promover el trabajo presencial:

- La motivación principal es la interacción con los compañeros y con el jefe o jefa. Somos seres sociales, seres emocionales, y el vínculo es muy importante.
- Otra motivación clave, especialmente para las generaciones más jóvenes, los *millennials* y los Z, es el desarrollo profesional. Para ellos no solo es importante el desarrollo jerárquico, también lo es adquirir nuevas habilidades y conocimientos. El hecho de trabajar juntos en un mismo espacio facilita el desarrollo de habilidades porque favorece la colaboración y el trabajo en equipo. La idea es transmitir que aun trabajando todos en el mismo espacio también se puede conseguir flexibilidad.
- Otro de los beneficios es la disminución del sedentarismo. Un estudio de la Sociedad Española de Nutrición alerta de que más del 60 % de españoles pasa más de 5 horas sentado, especialmente si está teletrabajando. Esto conlleva consecuencias en la salud física y emocional. Pasar tantas horas sentado pasa factura al cuerpo y a la mente.
- Una de las mayores preocupaciones del talento es el bienestar. Por eso, cada vez más empresas están incluyendo

actividades físicas, como gimnasio, o de bienestar emocional, como yoga o *mindfulness*, que sirvan de gancho a ese talento.

- El modelo tradicional debe dar paso a uno innovador, en el que haya mayor flexibilidad, mayor colaboración e innovación. Las empresas deben aportar un pensamiento crítico, de mayor apertura, y plantearse qué actividades quieren ofrecer a las personas cuando estén en la oficina para que sientan que realmente vale la pena ir a trabajar: quizás algunas reuniones más colaborativas en las que aumente el vínculo con los compañeros o tal vez momentos de calidad con los mánagers en los que se pueda dar un *feedback 360* y sirvan para hacer evolucionar a la plantilla.

- Otro factor para tener en cuenta son las aspiraciones de los empleados. Varios estudios realizados por ADP Research Institute afirman que la flexibilidad laboral es altamente valorada por los empleados, ya sea en términos de horarios, ubicación o modalidad laboral, y estarían dispuestos a considerar cambios laborales para obtenerla, incluso es más valorada que un aumento de salario. Si no se está alineado con las aspiraciones y necesidades de los empleados va a ser difícil conseguir el compromiso deseado. En Estados Unidos el trabajo en remoto se valora casi como un bonus. A la hora de captar talento, ofrecer un trabajo más flexible está muy valorado; en portales como LinkedIn ya se puede buscar empleo presencial, híbrido o remoto, en función de las necesidades del aspirante.

## Empatía y exigencia

Los nuevos modelos de trabajo han venido para quedarse y las empresas tienen que encontrar el punto óptimo de equilibrio que favorezca a todos en un entorno de máxima incertidumbre como la que estamos viviendo a nivel político y económico. La empresa necesita trabajar la cultura de la resiliencia, sacando lo mejor de los empleados a la vez que se les cuida, dejando de lado luchas internas y remando en la misma dirección.

En estos momentos, los líderes de equipo juegan un papel clave. Tienen que ser comprensivos con las necesidades de los trabajadores, pero también exigentes para que den su mejor versión. Un mánager con habilidades de liderazgo y gestión de equipos en remoto aumentará el compromiso de los empleados; de ahí la importancia de formar en liderazgo de personas que unos días están de manera presencial y otras, *online*.

## Comprender a las generaciones jóvenes para aportarles y que aporten

La diversidad, también la generacional, es consustancial a la sociedad y a las personas. No gestionar la diversidad es como no gestionar la digitalización.

JAVIER VEGA OTERO

El panorama de la empresa actual está cambiando rápidamente y no solo por el teletrabajo. Hoy día, el 70 % de los trabajadores en el mundo son *millennials* y generación Z. Esto significa que, por primera vez, la mayoría de las personas que están trabajando en las organizaciones pertenecen a las llamadas «generaciones jóvenes». Entender a estas generaciones es fundamental para que las empresas puedan conseguir sus objetivos.

Será, además, la primera vez en la historia que haya tantas generaciones diferentes trabajando al mismo tiempo. Básicamente, son cuatro:

- Los *baby boomers*, nacidos aproximadamente entre 1945 y 1965, son personas que se criaron con la televisión y los periódicos y cuyas principales motivaciones son la familia y la lealtad.
- La generación X es la nacida en torno a 1965 y 1980. Estas personas tuvieron sus primeros contactos con la digitalización en muchos casos ya incorporadas al mundo laboral. Sus principales motivaciones fueron encontrar un buen equilibrio entre vida personal y laboral y ser independientes financieramente lo antes posible.
- Los *millennials* nacieron entre 1980 y 2000. Fueron los primeros nativos digitales que se criaron con el móvil y Facebook. Les motiva el emprendimiento y, sobre todo, la flexibilidad para poder conjugar mejor que sus antecesores su vida personal y profesional.
- La generación Z nacida en 2000 y años posteriores, es la cuarta generación que se suma al mercado laboral actual. Supone un paso más allá que los *millennials* en torno al

mundo digital, ¡están más acostumbrados a pagar con el móvil que con el dinero físico! Su vida está en parte condicionada por las redes sociales y los *influencers*.

- La generación Alfa, nacida entre 2010 y años posteriores, todavía no está en el mercado laboral, pero en unos años formará parte de él también.

## Las nuevas generaciones quieren una vida con sentido de lunes a domingo

Si tuviera que señalar la gran diferencia entre las generaciones jóvenes y las más maduras sería el ya mencionado concepto de la *YOLO Economy*. Esta idea está teniendo un gran impacto en las empresas, porque no se trata solo de una tendencia incipiente. Cada vez más trabajadores expresan que no están tan interesados en tener un empleo estable y con proyección como en tener conciliación y flexibilidad. Esta filosofía, que se ha visto incrementada tras la pandemia, ha traído otro concepto, *bleisure*, fusión de *business* y *leisure*, «trabajo y placer». Se refiere a las personas que trabajan todos los días en remoto y lo hacen desde cualquier lugar del mundo, compaginando su deber con viajar. Estas personas valoran el salario, pero además valoran el desarrollo profesional y personal. Esperan que sus jefes les digan mucho más lo que esperan de ellos que lo que específicamente hay que hacer, les gusta recibir *feedback*, que les ayuden a crecer y valoren sus fortalezas, que puedan aplicar lo que realmente saben y que su vida tenga sentido también de lunes a viernes, no solo los fines de semana. En definitiva, buscan un trabajo en el que vean más impacto, del que se sientan más orgullosos y, sobre todo, que no vaya en detrimento de su calidad de vida.

## Los *millennials*: curiosos, solidarios, exigentes y emprendedores

Los *millennials* destacan por ser una generación especialmente curiosa, solidaria, exigente y crítica que busca mucho la innovación. Como generación, son personas con un nivel alto de confianza en sí mismas; de hecho, empezaron a desarrollar el emprendimiento. Liderar *millennials* acarrea lidiar con ese punto de exigencia y rebeldía que trae esta generación que, además, lo quiere todo pronto, acostumbrada a hacer las cosas de manera rápida y fácil con las nuevas tecnologías. Estos buscan hechos más que promesas y un liderazgo que reconozca el trabajo bien hecho y transmita confianza. En definitiva, esta generación va al encuentro de un trabajo flexible y con significado en el que haya oportunidades para crecer. Prefieren sentir que participan de una misión de la que pueden estar orgullosos al simple hecho de sumarse a una organización. En este sentido, su mentalidad es diferente. Por ejemplo, aproximadamente un 25 % de *millennials* se está planteando vivir siempre de alquiler, lo cual en generaciones más maduras era algo casi impensable. Al no entender sus paradigmas, muchas empresas siguen sin estar alineadas con sus perspectivas y les cuesta mucho fidelizar este tipo de talento. Muchas veces estos jóvenes se quejan de que las corporaciones están muy centradas en su propia rentabilidad y no consideran lo que hacen a nivel humano.

En consecuencia, es importante que las empresas se adapten teniendo en cuenta que no solo se trata de generar empleo, sino de intentar mejorar la calidad de vida de los empleados, lo que a su vez impacta directamente en la sociedad y en la estabilidad de todo un país. El 75 % de *millennials* cree que las empresas del futuro necesitarán encontrar este propósito genuino que haga que las personas quieran trabajar para ellas y, además, tener un impacto positivo en la sociedad. Esto es posible con la ayuda de las redes sociales, tan importantes para las generaciones jóvenes.

## La generación Z: muy capacitada y competitiva, aporta frescura y pide coherencia

La generación Z por su parte, es especialmente competitiva, algo muy importante a tener en cuenta a la hora del trabajo en equipo y de la organización en la empresa para sacar su mejor versión. Son personas que influyen sobre su entorno, se conectan con las empresas que tienen más en cuenta sus emociones y expectativas y, sobre todo estas, les den confianza. Si los *millennials* ya eran nativos digitales, la generación Z es una evolución, por lo que todo aquello que sea tedioso, burocrático, va a ser difícil que les satisfaga. A la hora de liderarles también esperan que les den respuestas inmediatas, muy centradas en el ahora, en el corto plazo. Igualmente es una generación muy capacitada que destaca a la hora de innovar. Están acostumbrados por las redes a crear sus propios contenidos y modificar la información que les llega con creatividad. Esto es algo que las compañías pueden explotar.

Por otro lado, tienen un punto de irreverencia e inconformismo; siempre luchan para mejorar, para estar un paso más allá y contrastar los datos que se les da. Es también una generación muy inquieta que persigue los cambios. No les gusta la monotonía, les motivan proyectos que les ayuden a evolucionar y aprendan, donde haya una actitud colaborativa y se sientan orgullosos de su trabajo.

En este sentido, es una generación que trae mucha frescura e ideales a las empresas. Para ellos la flexibilidad es fundamental y esperan mucho de los mánagers en coherencia, comunicación y valores. Les motiva tener líderes empáticos que dediquen tiempo de calidad a escucharlos, valorar sus opiniones y hacerles preguntas honestas. Buscan esa relación un poco más allá del liderazgo tradicional. Por otro lado, se sienten a gusto en empresas diversas e inclusivas. Las empresas con sentido de propósito les motivan. Para ellos, el ecologismo y el futuro del planeta es importante (algunas empresas están ya tomando acciones para hacer un mundo más sostenible, lo que les puede inspirar).

Sin duda, se trata de una generación con muchos retos y también con mucho que ofrecer. Si la empresa puede adaptarse a alguna de sus necesidades, también tendrá más poder para exigirles lo que se necesita de ellos y pedirles igualmente paciencia, porque deben aprender que no siempre las compañías, si quieren ofrecer calidad y buen servicio, pueden ir al ritmo tan rápido que les gustaría. Otros aspectos en que apoyarles es en su necesidad de sentimiento de pertenencia y en las relaciones, ya que al ser algo menos sociables sufren especialmente la soledad. Son personas, además, que al haber empezado muchos a trabajar después de la pandemia algunos solo conocen el teletrabajo. Una gran diferencia entre una generación y otra es que a los *millennials* les gusta mucho socializar, conocer gente nueva e ir de fiesta, y a la generación Z algo menos, por lo general.

Cabe destacar que su relación respecto a la estabilidad financiera también les diferencia. Para la generación Z es muy importante. En cambio, los *millennials* están dispuestos a correr más riesgos. Aunque sean generaciones jóvenes y compartan muchas de las mismas pasiones, hay diferencias y estas nos pueden ayudar a ver cuáles pueden ser sus motivaciones a corto, medio y largo plazo, y saber cómo hacerles estar más motivados y comprometidos. Cuando veo en la prensa que más de la mitad de los universitarios tiene depresión o ansiedad grave me alarmo; y es que me preocupa su presente y su futuro en las compañías. Las empresas deben empezar a prestar atención a esos chicos y chicas que todavía no se han incorporado al mundo laboral, porque en pocos años habrá que liderarles: cómo es su vida, cuáles son sus pasiones, cuáles son las dificultades que se están encontrando, por qué pasa todo esto.

## Dos generaciones propensas al estrés y la ansiedad

Una característica que comparten *millennials* y generación Z es el uso de la tecnología, la independencia y su mentalidad cívica, entender el mundo como algo más global y no tan particular. El bienestar también es muy importante para estas dos generaciones; de hecho, se les llama la generación W, de *wellness* («bienestar») y esto es algo que las empresas deben aprovechar para crear planes de bienestar corporativos, pues puede ser sin duda algo muy importante para captar y fidelizar este talento. Para ellos, estar en buena forma física, sentirse mejor, tener una imagen en redes sociales de alguien que se cuida y es sano les motiva especialmente.

Sin embargo, hay algo común en estas dos generaciones también, que es que se estresan más. Son públicos ejemplos como el de Ashleigh Barty, exnúmero uno del mundo de tenis, que se ha retirado con veinticinco años por problemas de salud mental; lo mismo le sucedió a la gimnasta de élite Simon Biles. Un caso reciente lo tenemos con el jugador de baloncesto Ricky Rubio, que ha hablado abiertamente de cómo sus problemas de salud emocional le apartaron temporalmente de las canchas. Y es que en las universidades se detecta también cada vez más angustia y ansiedad entre los jóvenes. Alrededor del 50 % de ambas generaciones señala que está estresada la mayoría de su tiempo. Aproximadamente la mitad de los adolescentes hoy día hablan de que se sienten sin esperanzas o que se sienten de manera habitual tristes. Además, el 75 % de los jóvenes piensa en el futuro y les asusta. Su estrés aumenta por la intensidad del trabajo y por el cambio constante. En este caso las redes sociales, que tienen su parte positiva y negativa, no ayudan en este sentido. De hecho, el 55 % considera que tienen más consecuencias negativas que beneficiosas, y casi dos tercios de los jóvenes piensan que su salud aumentaría si redujese el número de horas en redes sociales. El hecho de tener que estar siempre informados y a la última y con una vida siempre interesante no les ayuda. Ser realmente conscientes de este problema permitiría a las empresas crear una burbuja de bienestar desde la que se puede pedir que den su mejor versión en el trabajo.

Muchas empresas se dedican a buscar talento fuera de la misma sin ser conscientes de que hay personas en la compañía con muchas ganas de aportar si se las escucha y se las sabe liderar. Por otro lado, las organizaciones tienen una oportunidad para captar *millennials* y de la generación Z, y es explicando todo lo que están haciendo como compañía a nivel formativo y de desarrollo. Esto trae un doble beneficio porque, además, ese talento que está ahí se convertirá en el mejor embajador en las redes sociales del buen hacer de la empresa.

Entender a los jóvenes, su potencial y trabajar en su desarrollo es algo muy importante, para ello hacen falta mánagers que pongan su atención en ellos. Sin embargo, es algo que no se valora suficientemente en las empresas. Solo el 45 % de los mánagers hoy en día es valorado por el desarrollo de su equipo. Entonces ¿por qué no incentivar a jefes y jefas para aportar ideas y construir una empresa más flexible sin perder de vista los resultados que necesita la compañía? El objetivo es hacer organizaciones más competitivas, con mejores resultados, más eficaces y con personas que trabajen más a gusto, porque la empresa encaja con sus valores.

El objetivo de las compañías y de los mánagers de hoy en día debe ser conseguir que las nuevas generaciones sean sus fans, que vayan a trabajar porque sienten que su vida es mejor, porque aprenden más cosas y porque tienen experiencias interesantes donde se les exige un esfuerzo, pero a cambio les ofrecen algo que vale la pena. Esto hay que conseguirlo sin intentar cambiarles. Tanto *millennials* como la generación Z van a seguir siendo los mismos; si las compañías no se adaptan, se irán a otras, en las que se sientan más valorados y más a gusto.

Un estudio de Harvard señalaba que las nuevas generaciones luchan para que su vida no sea miserable y para no sentirse solos. Tienen muy claro que no han venido a este mundo con el solo propósito de trabajar y pagar facturas. Por lo tanto, en las organizaciones se ha de conseguir que el trabajo sea interesante para ellos, que se comprometan al máximo y sean los mismos jóvenes los que expliquen a su entorno, al talento en general, por qué vale la pena trabajar en esta compañía. Los paradigmas han cambiado y las empresas deben adaptarse a ellos. Como decía Pat Wadors, directora de recursos humanos de UKG: «Cuando escuchamos y celebramos lo que es común y diferente nos convertimos en una organización más sabia, más inclusiva y mejor».

## Diversidad e inclusión, el ADN de la innovación

> Cuando todos están incluidos, todos ganan.
>
> JESSE JACKSON

Hoy en día toda compañía debe tener en cuenta aspectos como la diversidad y la inclusión: la diversidad entendida como el gran espectro de diferencias entre las personas, y la inclusión, como todo lo que afecta al sentimiento de pertenencia, seguridad y equidad. Ya es hora de cambiar la visión de que lo diferente conlleva connotaciones negativas. De hecho, diferentes estudios, entre ellos uno reciente de la Universidad de Stanford, en Estados Unidos, concluye que los equipos más diversos, especialmente a nivel de género, acaban teniendo resultados mucho mejores que los que no tienen estas características. Además, un estudio de Deloitte demostró igualmente que grupos diversos en diferentes zonas de diferentes países aumentan la innovación un 20 % y reducen el riesgo de error en la toma de decisiones un 30 %. Otros estudios confirman que alrededor del 90 % de equipos inclusivos toman mejores decisiones y alrededor del 60 % crecen más rápido, son capaces de lanzar productos al mercado más pronto y, aproximadamente, un tercio tienen mejores resultados económicos. Está demostrado: si somos capaces de tratar a todos los individuos de manera justa y respetuosa y les proporcionamos las mismas oportunidades de acceso a los recursos, haciendo un equipo más inclusivo, la empresa va a conseguir resultados mejores y antes. No es casual que alrededor del 90 % de equipos inclusivos toman mejores decisiones y alrededor del 60 % crezcan más rápido.

**Inclusividad por parte de todos y para todos**
En el área de la diversidad hay rasgos más visibles, como la raza, el género o la edad, pero también hay menos visibles y que a menudo se esconden, como la orientación sexual, la religión, el estatus socioeconómico o la educación. Ambas categorías permiten comprender de manera más profunda las diferencias entre las personas de cualquier equipo.

Afortunadamente, cada vez más las organizaciones están teniendo en cuenta la diversidad, la equidad y la inclusión en su plan de esfuerzos. Hay estudios que señalan que hasta el 65 % de las compañías están destinando recursos a estos aspectos. Sin embargo, si queremos que la inclusión sea efectiva, no solo tiene que estar concienciado el equipo directivo. También es necesario impulsar una cultura en la compañía que reconozca y premie los comportamientos inclusivos. De lo contrario, ocurre algo desgraciadamente habitual, que las personas cambian de trabajo porque no sienten que estén en una empresa realmente inclusiva, donde no están a gusto por ser diferentes. A pesar del esfuerzo de algunas organizaciones, todavía queda mucho trabajo para desarrollar esa cultura inclusiva y respetuosa y debe empezar incentivando estos comportamientos. Hace poco una empresa farmacéutica me comentaba extrañada que fichaban a personas diversas porque para ellos es una prioridad y, al cabo de pocos meses, quienes, por ejemplo, llevaban tatuajes o piercing, los ocultaban. Mi respuesta fue la siguiente: «Estáis haciendo esfuerzos para ser una empresa diversa e inclusiva, pero ¿lo es el entorno? ¿Los trabajadores y las trabajadoras se sienten a gusto cuando se muestran cómo son?». Probablemente, no.

Sin duda, la diversidad es el primer paso, pero si no se da el segundo paso, que es la inclusión, no se conseguirá que las personas se sientan parte de la compañía. Como decía Verna Myers: «La diversidad es que te inviten a la fiesta. La inclusión consiste en que te saquen a bailar». Recordemos que ser tolerante tampoco es exactamente ser inclusivo, ser inclusivo es ir un paso más allá. Hay estadísticas que señalan que hay organizaciones que se reconocen como tolerantes; sin embargo, el 35 % de las personas del colectivo LGTBI esconde este aspecto de su vida en el trabajo por miedo a la discriminación.

La diversidad tiene que ver con la mezcla colectiva de las diferencias que incluyen temas como valores, creencias, experiencias, preferencias o comportamientos. Un reciente estudio de Glassdoor señalaba que la diversidad en las compañías incentiva a aplicar para trabajar en ellas al 76 % de las personas que están buscando empleo. Es, por tanto, un arma para captar talento y fidelizarlo y para aumentar el compromiso del empleado, que se sienta a gusto, quiera dar lo mejor de sí y quedarse en la compañía. En estas empresas mejora también la atención al cliente, por lo que se le fideliza más y aumentan los beneficios de la compañía. Todos los estudios van en la misma dirección, los esfuerzos de tiempo y económicos se compensan con creces con resultados.

## Coraje para cambiar hacia un trabajo cooperativo diverso

Cada vez más empresas se preguntan cuál sería el mejor modelo en el entorno híbrido y en el que se tenga en cuenta la diversidad, la equidad y la inclusión. Lo cierto es que no hay una respuesta que funcione para todas las compañías, lo importante es hacer partícipe a los empleados para conocer dónde se encuentran más a gusto, cuál es la mezcla más adecuada, adaptándose así a cada realidad de la compañía.

Yo recomiendo a todas las empresas tener una estrategia de diversidad e inclusión. Hoy en día, en esta época de cambios en la que las compañías necesitan aumentar sus niveles de innovación, la diversidad cognitiva es el ADN de la innovación. Como decía Eduardo Galeano: «Lo mejor que el mundo tiene está en los muchos mundos que el mundo contiene». En este sentido, el trabajo híbrido puede también perjudicar o beneficiar los esfuerzos que hagan las compañías en diversidad porque algunas personas pueden cambiar su comportamiento a la hora de relacionarse en un mundo virtual. De ahí que sea importante formar a los líderes de los equipos en habilidades de trabajo híbrido.

Una de las características fundamentales de un mánager que quiera tener éxito en la era digital es que sea inclusivo, que trabaje su resiliencia emocional, su autenticidad, su flexibilidad y la de su equipo y que tenga su foco en ganar la confianza de su equipo, mostrándose humilde con ellos y generando un vínculo al hacerles sentir a gusto, independientemente de su origen, raza o creencias. Si no se consigue esa confianza es imposible que los equipos conecten entre ellos. Todo ello le permitirá estar en una posición legitimada para exigirles más.

El trabajo cooperativo diverso es mucho más rico y a veces hay que tener el coraje para cambiar algunas normas o impulsar cambios en las compañías. Ya hay empresas que más allá de acciones puntuales tienen una estrategia. Algunas están creando cargos específicos de diversidad e inclusión, como Cepsa en España, que tiene una persona dedicada a estos aspectos. En Estados Unidos ya hay puestos más específicos aún, como responsables de inclusión para mujeres de raza negra. Zúrich, la compañía de seguros, en su página de LinkedIn ha cambiado en algunos momentos su imagen tradicional y expresa que para ellos lo importante son las personas, no la orientación sexual.

Como decía Audre Lorde: «No son nuestras diferencias las que nos dividen, es nuestra incapacidad para reconocer, aceptar y celebrar esas diferencias». Al final, lo que se trata es de incluir a todos en este camino, independientemente de cómo sean porque, cuanto más diversos sean los equipos, más podrán aportar. Cuando en su día a día, y en las percepciones de su compañía a nivel general, los empleados se sienten incluidos, se reconoce su autenticidad y se trabajan acciones concretas para fomentar el sentimiento de pertenencia, independientemente de las diferencias entre unos y otros, esto tiene un impacto en el compromiso con el trabajo, y eso es muy positivo. Sin embargo, el 75 % de los empleados cree que todavía queda mucho trabajo por hacer en su compañía a nivel de diversidad e inclusión.

## Inclusión por edades y géneros

La inclusión también debe tener en cuenta las franjas de edad. Muchas empresas centradas en hacer este tipo de políticas no quieren contratar a personas de más de cuarenta y cinco o cincuenta. En Estados Unidos algunas empresas se están dando cuenta de que esto es un error y están aumentando las contrataciones de personas mayores, porque todas las generaciones pueden aportar cosas diferentes. Por ejemplo, las personas de esas edades tienen más experiencia y muchas atraviesan un momento vital en que sus hijos son mayores y pueden dedicarse más al trabajo.

Otro aspecto que mejorar es la inclusión de las mujeres, especialmente en puestos directivos. En este sentido todavía falta mucho recorrido, aunque hay estudios que demuestran que las empresas dirigidas por mujeres son igual o más rentables que las conducidas por hombres. También se debe potenciar el talento de las más jóvenes: las mujeres de la generación Z vienen con mucha fuerza y tienen muy claro cómo conseguir sus metas.

Cuando las empresas me piden una guía básica de por dónde empezar a implementar una política de diversidad, equidad e inclusión, lo primero a lo que invito es a hacer un análisis de partida: ¿cómo está la empresa en este campo?, ¿está todo por hacer o ya se están haciendo cosas?, ¿funcionan o no?, ¿qué valoran los empleados? El segundo paso es desarrollar a los líderes para que sean inclusivos dado el impacto que tienen en sus equipos. El tercero es definir qué comportamientos queremos potenciar y cuáles erradicar y explicarlos formando a las personas para que transformen la cultura actual en una mucho mejor.

Por último, establecer unos procesos sencillos que puedan aportar información objetiva de cómo está funcionando todo aquello que se está llevando a cabo en esta dirección. Siguiendo la máxima de Henry Ford, tengo la certeza de que «reunirse es un comienzo, mantenerse juntos es un progreso y trabajar juntos es el éxito».

Estas son algunas de las conclusiones que podemos extraer de este cuarto capítulo:

- Hoy en día, apremia que todas las empresas tengan una cultura de aceptación e integración de la variedad de empleados.

- La pandemia ha potenciado tendencias como el teletrabajo, el nomadismo digital o el *coworking* y diferentes estudios demuestran que la mayoría de las personas que trabajan prefieren un modelo más flexible que antes de la era Covid.
- El trabajo en remoto tiene muchos beneficios respecto al presencial, pero también puntos negativos. La ventaja clara es reducir los tiempos de traslado, que hace que tengamos mejor calidad de vida y mayor productividad. Su principal barrera es que cuesta separar la vida laboral de la personal, lo que aumenta los niveles de estrés.
- El trabajo híbrido es mucho más complejo que el presencial o cien por cien remoto porque tiene lo mejor, pero también lo peor de ambos mundos. En una empresa es importante crear y formar la figura del mentor híbrido para entender y apoyar a quienes les cuesta adaptarse al trabajo en remoto y a quienes les cuesta el presencial.
- El 70 % de trabajadores en el mundo son *millennials* y generación Z. Por primera vez, la mayoría de las personas que están trabajando en las organizaciones pertenecen a las llamadas generaciones jóvenes. Además, por primera vez en la historia, hay cuatro generaciones diferentes trabajando al mismo tiempo.
- Tener una visión integral de todas las generaciones, especialmente las que acaban de entrar al mundo laboral, es fundamental para que las empresas puedan conseguir sus objetivos.
- Toda compañía debe tener en cuenta aspectos como la

diversidad y la inclusión. Si somos capaces de tratar a todos los individuos de manera justa y respetuosa y les proporcionamos las mismas oportunidades de acceso a los recursos, haciendo un equipo más inclusivo, la empresa va a conseguir resultados mejores y más pronto.

- Cuando los empleados se sienten incluidos se reconoce su autenticidad y se trabajan acciones concretas para fomentar el sentimiento de pertenencia, independientemente de las diferencias entre unos y otros, y esto tiene un impacto en el compromiso con el trabajo.

# 5. Decálogo del buen mánager

Tú no inspiras a tus equipos mostrándoles lo grandioso que eres. Tú los inspiras enseñándoles lo grandiosos que son ellos.

ROBYN BENINCASA

El futuro de las empresas pasa por la calidad de sus mánager, un factor decisivo en el aumento o descenso del compromiso de los empleados. Ese compromiso va a llevar a mayor productividad y, con ello, a una mejora de resultados. El líder, por tanto, provoca un enorme impacto, positivo o negativo, en las personas, y es clave en la cultura de un equipo. Si es consciente de ese impacto y lo enfoca de manera adecuada, será muy beneficioso para todos. Sin embargo, desgraciadamente, no suele ocurrir así.

A pesar de todos los cambios que ha habido en el mercado laboral en los últimos años, y por mucho que se haya transformado el mundo y las expectativas de los trabajadores, la manera en que se gestiona el talento no ha cambiado en muchos casos. En una era en la que cada vez más se habla de inteligencia artificial, algoritmos y robotización, nos hemos olvidado de que somos seres humanos trabajando con seres humanos que tienen necesidades, problemas, expectativas, ideas y aspiraciones. Las cifras resultan muy significativas:

• Aproximadamente el 90 % de la satisfacción de los empleados con su trabajo está relacionada con la buena o mala relación con su jefe o jefa.

• El 70 % de la variabilidad en el compromiso de los equipos depende del mánager.

• El 50 % de los trabajadores o trabajadoras está en una situación no óptima con su mánager.

• Muchas veces las compañías piensan que los empleados se van de la compañía porque la competencia les ofrece mejores puestos, mejores planes de desarrollo o mejores condiciones económicas, pero diferentes estudios demuestran que la mayoría deja su empresa por una mala relación con su mánager. De hecho, el 75 % de quienes cambian de empleo lo hacen motivados fundamentalmente por la mala relación con su mánager, aunque den otras razones.

• Otro dato que llama mucho la atención es que con el 80 % de los jefes que hemos tenido no nos gustaría volver a trabajar.

• Aproximadamente, dos de cada tres empleados preferirían que le cambiaran al jefe por encima de que le subieran el sueldo.

- Según un estudio de Gallup, alrededor del 80 % de quienes se ponen a liderar y gestionar equipos acaban no teniendo éxito, lo que multiplica exponencialmente el *quiet quitting*, esa tendencia que lleva a los trabajadores a hacer lo mínimo estrictamente necesario para cumplir con su trabajo.

- El 50 % de las contrataciones de ejecutivos fuera de la compañía suele ser también un fracaso de media a los 18 meses, lo que supone un grave problema para las compañías, porque, si la persona que ponen a liderar equipos no tiene las habilidades necesarias, acabará siendo un lastre para la organización.

- El corazón de las compañías radica en los mánagers que son capaces de entender la estrategia que viene marcada desde la alta dirección y transmitirla a quienes la van a implementar, a quienes se van a poner manos a la obra, que son los empleados. Según un estudio reciente, la falta de habilidades gerenciales en Estados Unidos tiene un impacto significativo en la productividad y el desempeño de los empleados. Este informe indica que el costo de la mala gestión y la falta de compromiso de los empleados puede ascender a alrededor de 300.000 millones de dólares en pérdidas para las empresas estadounidenses.

- Otros informes demuestran que solo uno de cada tres líderes tiene habilidades para gestionar y desarrollar talento y cada vez más les cuesta a las empresas contratar buenos líderes. De hecho, los estudios dicen que una de cada dos vacantes no se cubre o se cubre con muchos problemas.

- Por otro lado, casi dos de cada tres mánagers no se sienten preparados ni creen que tienen las herramientas adecuadas para gestionar a los equipos actuales, a pesar de que muchas veces trabajan de forma híbrida.

## Los cuatro pasos que multiplican la felicidad... y la productividad

Otra investigación desvelaba que prácticamente todos los problemas y logros de una organización están ligados de alguna forma a la calidad de los mánagers. El mánager es, por tanto, parte fundamental de la experiencia del empleado, y para que esa experiencia sea positiva debe haber un buen vínculo personal entre uno y otro. Esto evitaría muchos conflictos que surgen en las compañías o ayudaría a resolverlos de manera proactiva, lo antes posible y convirtiendo el problema en una experiencia enriquecedora de la que se ha aprendido y que no deja resentimientos. El mánager que quiera conseguir el máximo compromiso por parte de sus equipos debe tener herramientas de *coaching* y de desarrollo personal.

Hoy en día ya no se busca tanto el jefe que manda, sino que hace *coaching*; es decir, ayuda a desarrollar habilidades, maximiza su potencial, empatiza con sus equipos, les ayuda a superar barreras y alcanzar objetivos. Y les recuerda que todo lo bueno en la vida profesional (y también en la personal) cuesta un esfuerzo importante. En este sentido, ¿qué se puede hacer para convertirse en un líder 3.0, un líder *people first*, centrado en las personas? Siguiendo estos cuatro puntos que desarrollo a continuación, los niveles de felicidad y compromiso aumentarán y la capacidad de trabajo y productividad se multiplicará:

1. El primer paso para la transformación a un líder 3.0 es tratar bien a sus trabajadores, lo que implica pagar un salario digno, escucharlos y reconocerles su contribución. Esto hará que el empleado sienta que es retribuido y tratado justamente.

2. El segundo es ayudar a crecer, es decir, crear un entorno que permita a los demás sentir que están evolucionando y adquiriendo nuevas habilidades.

3. El tercer punto es tener capacidad de crear confianza, construir el escenario que anime a los trabajadores a participar y aportar sin miedo a equivocarse, debatiendo de manera constructiva.

4. El cuarto es ayudar al equipo a llegar donde quiera, aunque a veces perjudique al mánager por abrirles las puertas a otros departamentos o compañías. Me ha ocurrido en ocasiones que, tras brindarles el apoyo para cambiar porque era lo que necesitaban en ese momento vital, en el futuro han vuelto a trabajar conmigo y han sido de los mejores profesionales con los que he estado.

## Habilidades emocionales
## para los líderes de hoy

Para poder realizar estos cuatro pasos es necesario potenciar las habilidades que permitan alinear las expectativas de los empleados, liderar equipos y conseguir un vínculo emocional y un compromiso. El ser humano es mucho más emocional que racional y, por lo tanto, se debe estar muy atento a desarrollar habilidades emocionales. Por ejemplo:

- **La empatía:** la principal habilidad de los mánagers para mitigar el estrés de sus equipos y, por tanto, aumentar su nivel de compromiso, es la empatía. Las estadísticas demuestran que cuando los candidatos optan por un trabajo nuevo buscan un mánager que les inspire, apoye y exija, y un equipo con el que trabajar bien por encima de la compensación y de los beneficios. La empatía, la capacidad de comprender y sentir lo que la otra persona experimenta, percibiendo sus emociones, pensamientos o circunstancias, sin juzgarla, va a permitir ofrecer ese escenario y dar la capacidad de influenciar positivamente sobre los trabajadores para llevarlos a ese punto donde la compañía los necesita.
- **La escucha:** la empatía requiere saber escuchar y valorar las opiniones e ideas de los empleados. Esto no quiere decir que haya que hacer siempre lo que dicen, sencillamente, porque a veces no es posible llevarlo a cabo, pero solo el hecho de escuchar, valorar, explicar y dar visibilidad es

muy valorado. Sin escucha no se pueden conocer las barreras que hacen que los trabajadores no estén comprometidos y no muestren su máximo potencial. Sin escucha no se podrán hallar los puntos de alineamiento entre la compañía y los empleados. Sin escucha tampoco se puede saber cómo se encuentra el empleado a nivel personal. En el mundo empresarial solo se muestra una pequeña parte de lo que pasa en nuestro interior, pero no por eso el líder puede asumir que todo va bien. Una buena palabra a tiempo o una ayuda cuando se necesita pueden hacer que ese empleado vea al líder como alguien por el que vale la pena esforzarse cada día.

- **Preguntar:** la capacidad de escucha debe ir ligada a la capacidad de hacer buenas preguntas, saber obtener información de los empleados de manera empática no solo escuchando para responder, sino escuchando para comprender. En Estados Unidos están creciendo las formaciones de los mánagers para aprender a escuchar y preguntar. Como dice Simon Sinek, «hay una diferencia entre escuchar y esperar tu turno para hablar».

Esas preguntas y esa escucha no deberían ser solamente, como es demasiado habitual en nuestro país, a través de una encuesta o una reunión a fin de año. A nadie le gusta tener que esperar uno o dos años para dar su opinión, saber qué está pasando en su compañía o recibir *feedback* o reconocimiento. Como señalaba en el capítulo 2, la periodicidad de encuentros entre mánager y empleados debe ser regular. Estas reuniones van a permitir al líder ser percibido no solo como jefe o jefa, sino también como un ser humano que de verdad intenta ayudar a su equipo. También servirán para buscar puntos de conexión y mejorar la relación personal entre mánager y equipo, clave para tener éxito en el rol que juega cada uno, entender cuál es la mentalidad de cada uno, cuáles son los valores más importantes, qué se está buscando y qué decisiones se pueden tomar que sean beneficiosas para ambos. Por otro lado, serán útiles para explicarles para qué son importantes ellos y ellas y cómo pueden contribuir en los objetivos de la empresa. Yo siempre invito a los mánagers a ser perseverantes, a marcar una hoja de ruta y a personalizar los encuentros. Muchas veces me encuentro con compañías en las que el jefe o jefa se limita a leer un guion con pautas muy generales. Los trabajadores, sin embargo, esperan algo personal, hecho a medida, específico, que les permita llevarse el reconocimiento de su trabajo y lo que necesitan mejorar también. Son reuniones con un propósito claro; por eso, recomiendo no hacerlas coincidir con la reunión de evaluación de desempeño anual, la famosa reunión de bonus, porque si se juntan ambos objetivos en un mismo encuentro muy probablemente los empleados no estén en ese momento pendientes de saber sobre su esfuerzo y rendimiento, puesto que quieren saber qué bonus van a cobrar.

- **Dar *feedback***: el mánager debe dar *feedback* de manera regular. Muchas veces la bajada de compromiso viene dada porque este no es adecuado, ni en el momento ni en la manera. El *feedback* ofrece al trabajador una brújula para saber qué está haciendo bien y qué está haciendo mal, cómo puede evolucionar y qué habilidades necesita desarrollar. Saber que los objetivos se consiguen gracias al esfuerzo de un equipo al que cada uno contribuye proporciona sentirse realizado, sentir que se está evolucionando y que se están adquiriendo nuevas habilidades.

- **Dar confianza:** la confianza es piedra angular de la estrategia para conseguir una buena experiencia del empleado. En las empresas en las que se reportan altos niveles de confianza hay un 74 % de estrés, un 40 % menos de *burnout* y un 76 % más de aumento de compromiso. La confianza hace que se disfrute más en el trabajo, y eso es mucho más que algo agradable, es conseguir mejores resultados económicos, que es el objetivo de toda compañía. Está estudiado que la confianza y el propósito se refuerzan entre sí y hacen que se libere más oxitocina, la hormona de la felicidad. Desgraciadamente, los estudios demuestran que los niveles de confianza en los equipos están bajando porque en los líderes hay falta de empatía, de conexión personal en la que se comparten asuntos del trabajo y aficiones o intereses personales. Hay falta, en definitiva, de preocupación humana. ¿Cómo aumentarla? En este sentido, la consultora Gartner asienta la confianza sobre seis pilares, valores esenciales para construir relaciones sólidas y fomentar la confianza tanto entre colegas como con clientes y socios comerciales. Estos son:

1. **Integridad.** Mantener la coherencia entre lo que se dice y lo que se hace, siendo honesto y transparente en todas las interacciones.

2. **Ética.** Implica adherirse a principios morales y valores compartidos, actuando de manera justa y responsable, tanto dentro como fuera de la organización.

3. **Apertura.** Mánager cercanos con los que se pueda conversar y que sean accesibles cuando se les necesita. Que fomenten un ambiente transparente donde fluya mejor la comunicación.

4. **Responsabilidad.** La confianza no quita ser responsables del trabajo y cumplir con los plazos, con los compromisos adquiridos, etc.

5. **Competencia.** Demostrar que, sin ser perfecto, se es capaz de llevar a cabo las funciones asignadas a nuestro rol, resolviendo problemas y adaptándonos a cada situación.

6. **Consistencia.** Es fácil poner a las personas primero de vez en cuando, lo difícil es hacerlo día tras día. El líder puede equivocarse, pero es el esfuerzo continuo de intentar hacer las cosas bien lo que convence a los equipos de que esa persona merece la pena.

Ciertamente, la confianza se gana día tras día, semana tras semana, mes tras mes, potenciando el trabajo en equipo y dejando siempre claro el rol de cada uno, lo que permitirá esforzarse para mejorar. Se gana también desde la vulnerabilidad, reconociendo cuando no se domina un tema y alguien en el equipo tiene más capacidades al respecto y dándole autonomía para realizarlo. Todos nos equivocamos, y aceptar nuestros errores, pedir disculpas y ponernos a trabajar para mejorarlos no nos hace más débiles ni disminuye nuestra autoridad. Al contrario, salimos fortalecidos porque nos ven como un mánager humano que se esfuerza como ellos para hacer su trabajo de la mejor manera posible cada día. Los equipos de hoy en día no buscan a jefes perfectos, buscan a personas que sepan reconocer si se han equivocado y den espacio también. Mostrarse vulnerable en algunos momentos ayuda, además, frente a la famosa soledad del mánager. El líder que muestra su humanidad y cuida a sus equipos va a ser cuidado por ellos cuando lo necesite. Lo sé por experiencia propia.

No hay que olvidar que la confianza se refuerza cuando el mánager es capaz de poner por delante de sus intereses propios los intereses de alguna persona del equipo. Para mantener la confianza en los equipos es fundamental que, cuando alguien se comprometa a algo, mantenga su palabra y lo cumpla, especialmente los mánagers. «Eres tan bueno como la última promesa que has cumplido», reza un refrán. Cuanto más predecible sea un líder, más se confía en él, mejor relación va a haber con el equipo y los resultados de empresa serán mejores.

Hay dos tipos de confianza claves a la hora de liderar equipos, especialmente en remoto: por un lado, está la confianza afectiva, lo que se siente sobre las intenciones de otra persona y, por otro lado, está la confianza cognitiva, es decir, cómo esta persona será capaz de actuar con base en sus competencias. Para construir estos tipos de confianza es necesario autenticidad y capacidad. En este paso es una gran aliada, una vez más, la vulnerabilidad, la transparencia. Compartir alguna experiencia personal por parte del líder puede permitirle conectar más con las personas, y mostrar nuestras emociones fortalece el vínculo, porque nos hace más humanos.

- **La flexibilidad:** se lidera teniendo presente que no todas las personas somos iguales, no todos tenemos las mismas necesidades y no todos esperamos ni queremos lo mismo. El jefe o jefa debería conocer las pequeñas motivaciones de cada persona o al menos de aquellas que tienen mayor impacto en el resto del equipo. Habrá quien prefiera cinco o diez minutos de tiempo para charlar sobre asuntos que no sean externos... del trabajo, a quien le venga bien una reflexión sincera que le ayude a crecer en la compañía o quien necesite conciliar más. Esta individualización permite entender a los empleados y mostrarles apoyo en lo que más valoran.
- **Ofrecer reconocimiento:** nos olvidamos de que lo más humano es lo que realmente emociona. Visualizar cómo se contribuye al éxito de la organización hace que el empleado sienta que vale cada vez más la pena involucrarse en su trabajo. Más del 80 % de los empleados dice que estaría más motivado si su jefe o jefa les demostrara más a menudo que les aprecia no solo por su capacidad de tra-

bajo, sino también por cómo son a nivel humano y por sus valores personales.

Hay estudios que demuestran que alrededor del 30 % de los trabajadores no recibe reconocimiento de manera habitual, y eso impacta negativamente en la imagen de los mánagers. A la pregunta de por qué muchas organizaciones no dan de manera habitual suficiente reconocimiento, la mitad de los empleados dice que se debe a la cultura de la compañía, que no considera importante el reconocimiento. De hecho, más de una tercera parte de los mánagers no sabe cómo dar reconocimiento de manera efectiva a sus equipos. Y esto es algo que se podría solucionar de una manera sencilla con formación adecuada. Esto es fundamental en un entorno en el que aproximadamente el 80 % de los ejecutivos dice que la experiencia del empleado es muy importante, pero solo un 20 % de los empleados considera que se les ofrece una atención adecuada.

- **Tratar justamente:** en España, la Justicia considera como accidente laboral la depresión causada por las recriminaciones del jefe o jefa. El mánager debe asimilar que los paradigmas están cambiando, que las expectativas son diferentes y que no puede solo mandar y enfadarse por lo que no sale como desea, sino que debe centrarse en utilizar los mejores métodos para sacar la mejor versión de sus empleados para quienes, además, es importante saber que su trabajo se evalúa de manera justa. Esto no supone que los empleados no deban esforzarse o dar lo mejor de sí mismos, hay que ser justos por ambas partes.

- **Tener paciencia:** convertirse en un mánager centrado en las personas es un viaje, un viaje en el que a veces hacemos las cosas y no salen bien, a veces nos equivocamos y aprendemos, pero si seguimos en la misma dirección de trabajo empático siempre que miremos atrás veremos lo mucho que vamos mejorando como equipo. Alcanzarlo es un trabajo de día a día, a fuego lento. El esfuerzo mantenido creará el ambiente idóneo.

- **Gestionar el tiempo:** se ha detectado que muchos de los problemas de comunicación de los mánagers se deben a que dedican entre el 30 y el 50 % de su tiempo en reuniones, muchas de las cuales no son del todo necesarias, lo que les quita tiempo de comunicación con sus equipos. Igualmente, un estudio del *Harvard Review* ha concluido que en más del 50 % de su tiempo los mánagers se dedican a trabajos administrativos. Si están haciendo labores de poco valor añadido es muy difícil que encuentren tiempo de calidad para estar con sus equipos.

- **Delegar:** los líderes deben tener un control de las labores de los trabajadores, pero deben equilibrarlo para que estos se sientan con suficiente autonomía. El talento de hoy quiere escuchar qué se necesita de él, que le den los medios y, a partir de ahí, poder organizarse de la manera que considere más oportuna para, después, reportar el nivel de resultados exigido. El *micromanagement* o control excesivo no gusta a nadie porque no da margen de maniobra ni crecimiento.

- **Alinear objetivos:** el mánager debe trabajar por alinear los objetivos individuales del equipo con los generales de la organización. Los mánagers capaces de buscar los paralelismos entre lo que necesita la compañía y lo que están buscando los empleados son los más demandados.

- **Celebrar:** un truco que siempre doy a los mánagers es felicitar al equipo no solo por lo que consigue en el trabajo, sino también por las cosas que ha alcanzado en su vida personal. Como decía anteriormente, no somos unos en el trabajo y otros en casa, somos la misma persona con roles diferentes y lo que nos pasa tanto en el lado positivo como en el negativo nos afecta. Si alguien del equipo está feliz por algo a nivel personal es importante aprovechar tener un detalle con él o ella, aunque sea, simplemente, transmitiendo alegría. En muchas compañías faltan ganas de celebrar las cosas. Hacerlo fortalece el vínculo emocional, la comunicación y la colaboración. Cuando aumenta esa conexión y todos nos vemos bien, todos vamos a tener ganas de que el otro consiga su reto porque vamos a sentir que estamos en el mismo barco. Para que esto pase los líderes deben demostrar que se puede contar con ellos a pesar de los retos y las dificultades.

- **Mostrar entusiasmo y compromiso:** los líderes que transmiten entusiasmo, ya sea con el proyecto de su departamento o con el proyecto de la compañía, contagian a sus equipos, que están más comprometidos. Igualmente, los mánagers comprometidos y con alto talento consiguen que se doble el compromiso de sus equipos.

- **Impactar:** siempre digo que nuestro valor como personas muchas veces viene dado por el impacto que tenemos en los demás, un impacto del que no solemos ser conscientes. Cuando en el trabajo transmites tus valores como persona y escuchas, apoyas y ayudas, la sensación que le queda al miembro del equipo es que el mánager exige, se equivoca a veces y tiene algún defecto, pero en general es un buen profesional y una buena persona y, si algún día lo necesita, va a intentar ayudarle. Esa capacidad de ayuda va a permitir que los empleados quieran trabajar con ese mánager, no solo porque sabe, sino porque también le trata bien, le hace sentir que está desarrollando habilidades, ha creado un entorno agradable donde se pueden decir las cosas de manera constructiva, le está ayudando a conseguir ese objetivo que está persiguiendo y le ve de manera integral, apoyándole personalmente si es necesario.

- **Ser un líder inspirador:** el liderazgo que hoy en día se busca es un liderazgo inspirador que consiga aumentar la motivación y el compromiso de sus empleados, que sea capaz de explicar el para qué se están buscando esos objetivos que al final son monetarios, pero también son de consecución de objetivos; que haga sentirse partícipes a los equipos y que les haga incluso tener ilusión para conseguirlos, que explique los recursos de la compañía —dónde se están poniendo y cómo se pueden aprovechar— y que transmita que habrá momentos de adversidad en los que se necesita espíritu de equipo para remar todos juntos en la misma dirección.

Se busca un liderazgo que haga que se creen vínculos emocionales y que los empleados trabajen a gusto en el equipo, con compañeros y mánager; que sea capaz de aterrizar esa estrategia de las compañías que muchas veces se ve como algo impersonal y que sea capaz también de hacer sentir que vale la pena levantarse cada día y trabajar en esa dirección para conseguir lo que la empresa persigue. Como decía Sheryl Sandberg: «El liderazgo consiste en hacer que los demás sean mejores como resultado de tu presencia y asegurarte de que el impacto dure en tu ausencia».

## Barreras y palancas para los mánagers de esta era

El principal objetivo de un jefe o jefa es, en definitiva, sacar lo mejor de los miembros de su equipo, y no todos encajan en ese perfil. Las empresas deben plantearse a quién ponen como responsable y si realmente tiene esa pasión para trabajar con personas y ser capaz de sacar sus mejores versiones. Por otro lado, dos de cada tres mánagers no reciben la formación adecuada cuando pasan por primera vez a gestionar personas. Para ser un buen líder es necesario disfrutar de esa labor y tener unas habilidades mínimas y una formación que capacite para tener éxito en este nuevo rol. Lo contrario se ha visto en muchos casos, por ejemplo, el mejor vendedor que es ascendido a responsable de ventas, sin tener en cuenta que saber vender no es lo mismo que saber gestionar y liderar equipos de ventas.

Las empresas deben tener siempre muy presente el valor del *life-long learning* o aprendizaje continuo. Este concepto reconoce que en un mundo que está en constante cambio es crucial seguir actualizando conocimientos más allá de la etapa de educación formal. El aprendizaje continuo puede tomar diferentes formas, como cursos a distancia, talleres, programas de educación continua, libros, tutoriales, etc. La idea es estar abierto a aprender, explorar nuevas áreas, adquirir habilidades adicionales y mantenerse al día con los cambios en el mundo que nos rodea.

El 40 % de los mánagers constata que tiene dificultades para tener conversaciones constructivas con sus empleados. Es una de las principales barreras que se están encontrando las compañías y en la que se necesita invertir muchos esfuerzos en formación. El CEO de LinkedIn, Jeff Weiner, decía que el principal foco de habilidades a desarrollar no debería ser la programación, sino las habilidades blandas, estas habilidades intrínsecas en el ser humano que nos permiten conectar y hacer sentir a nuestros clientes, empleados y mandos la satisfacción de trabajar juntos, no solo por los conocimientos de programación o ventas, sino también por cómo llevamos a cabo el trabajo y cómo hacemos sentir a los demás. Sin embargo, solo un tercio de los líderes está aprendiendo estas habilidades fundamentales. Son muchas las barreras que impiden que los mánagers puedan brillar en su trabajo. A la falta de formación se añade que muchos de ellos o ellas no se sienten empoderados por la alta dirección para gestionar a sus equipos de manera eficiente. Otra barrera cada vez más presente es el estrés. Un artículo del diario económico *Expansión* señalaba que el 80 % de los directivos están desbordados por el estrés y que el 15 % toma medicación habitual para dormir, y recordemos que dormir es el primer predictor de la felicidad y el rendimiento. Si no dormimos bien no podemos ser felices, no podemos ser productivos y no podemos brillar, lo que repercute muy negativamente en el equipo. En este sentido, la situación después de la pandemia se ha agravado. En un artículo reciente del *Harvard Business Review* publicaba que el 80 % de los ejecutivos reportaba algún reto propio relacionado con la salud mental, y casi el 40 % reconocía que estaba buscando evasión a través del consumo de alcohol o incluso drogas. Si tenemos a los mánagers en esta situación, con estrés y con *burnout*, ¿cómo va a conseguir la empresa los resultados deseados? Su situación la van a notar el equipo, los clientes y la cuenta de resultados de la compañía. Un estudio de la Universidad de Ottawa desvelaba que el estrés se comporta como una enfermedad infecciosa: si los empleados están estresados, el mánager va a acabar estresado y viceversa.

Si queremos mejorar la experiencia del empleado, es fundamental mejorar la del mánager. Actualmente, algunas empresas están ya implementando planes de bienestar corporativo, pero todavía queda mucho por hacer en este sentido. Los líderes de hoy día, en un entorno tan cambiante y lleno de retos, soportando una enorme presión de las compañías, están muchas veces agotados. Ser ejecutivo no es fácil. Hay cifras que señalan que la esperanza de vida de un alto ejecutivo se reduce dieciocho meses debido a la presión.

Yo siempre digo que un mánager es como una regadera que tiene que ir dando un poco de agua a todas sus plantas (los miembros de su equipo). Conociendo bien el momento de la compañía y su objetivo, necesita ir ayudando a todos. Si eres líder, no puedes olvidar llenar de agua tu regadera; si no te cuidas y no aumentas tus niveles de energía para bajar los de estrés, es muy difícil ayudar a los demás. El mensaje, por tanto, es claro: los mánagers tienen que planificarse momentos para ellos o ellas para después ser capaces de cuidar a sus equipos. En la agenda deben tener la misma importancia la planificación de asuntos laborales y la de momentos de desconexión, que permitirán lidiar con los retos de la compañía ofreciendo la mejor versión.

Pese a la importancia que tienen estas habilidades, menos de la mitad de los líderes solo invierte tres horas o menos al mes en trabajar la gestión del equipo, muchas veces por su propia tensión y soledad. Estos sentimientos hacen que también haya deseo de migración a otras empresas en los puestos altos. Un artículo del periódico *El País* señalaba que el 80 % de los mandos intermedios españoles estaba buscando un nuevo empleo.

## Cuatro niveles de liderazgo y un objetivo, el mánager inspirador

El liderazgo va a ir cambiando en los próximos años, confirma Gartner, porque las nuevas generaciones y los nuevos escenarios de trabajo híbrido piden diferentes tipos de mánagers preparados para afrontar momentos de disrupción y cambio, que es cuando los equipos esperan más de ellos. Cuando se trabaja con personas habitualmente se reciben más quejas que expresiones de gratitud; por naturaleza humana vemos más lo que debería cambiar la empresa que lo que deberíamos cambiar nosotros. De ahí que sea muy importante que el mánager ejerza de paraguas de las dificultades y que el equipo sea consciente de su labor. Muchas veces hay falta de visibilidad por parte del mánager de lo que hacen los equipos, y falta de visibilidad por parte de los equipos de lo que hace el mánager.

Existen cuatro niveles diferenciados de liderazgo y un objetivo: desarrollar las nuevas generaciones de líderes formándoles en lo que se necesita hoy, estar más centrados en las personas y no tanto en los procesos:

1. **Los líderes de la vieja escuela:** del tradicional ordeno y mando, son una de las grandes razones de que los trabajadores busquen cambiar de puesto de trabajo.
2. **Los líderes organizacionales, centrados en el proceso:** aun no siendo tan impositivos, se centran básicamente en transmitir lo que viene de esferas superiores. Su único

objetivo es seguir las normas y no salirse de ellas. Con su actitud provocan que sobre todo los mejores empleados se quieran marchar porque desean más autonomía. Los procedimientos son, sin duda, necesarios, pero los trabajadores necesitan un poco más de libertad para sentir que están contribuyendo.

3. **Los líderes de propósito:** no gritan, dan flexibilidad y autonomía y, además, explican el propósito que busca la compañía, lo que permite que los trabajadores sientan que su contribución sirve para algo más que pagar facturas.

4. **Los líderes inspiradores, centrados en las personas:** además de no gritar, dar flexibilidad y autonomía y mostrar un propósito inspirador, demuestran a los empleados que se les valora no solo por lo que son capaces de hacer en el trabajo, sino también por lo que aporta de manera individual cada uno de ellos por ser como son. Es un liderazgo integrador, auténtico, de servicio. Es el líder que no solo se queda en las palabras, sino que actúa y lo hace profesional y personalmente, sin inmiscuirse en la vida privada de nadie, pero demostrando que va a estar ahí siempre que sea necesario. Para decirnos las cosas de manera cien por cien racional ya está ChatGPT. Estos son los que buscan ahora las empresas, los líderes con corazón, con compasión, considerados, los que entienden que, además de velar por los intereses de la empresa, las personas buscan hacer que su vida sea interesante de lunes a viernes y sin, por supuesto, perder nunca de vista

que en las empresas hay que trabajar duro para conseguir los objetivos.

Decía John Quincy Adams que «si tus acciones inspiran a otros a soñar más, aprender más, hacer más y convertirse en algo más, entonces eres un líder». Esto no va de buenos y malos, sino de que estamos todos en el mismo barco, un barco que, capitaneado por un líder con corazón, auténtico, integrador y de servicio, hará crecer a todos personal y profesionalmente. Como señalaba en la introducción, empresas y empleados hemos de ir de la mano, o no iremos. Eso es lo que necesitan las empresas de hoy, personas comprometidas a todos los niveles para cumplir objetivos; eso es lo que necesita el mundo de hoy, personas centradas en personas, comprometidas consigo mismas y con el ser humano.

Estas son las conclusiones que podemos sacar de este quinto y último capítulo:

- Una investigación reciente desvelaba que prácticamente todos los problemas y los logros de una organización están ligados a la calidad de los mánagers.
- En una era en la que cada vez más se habla de inteligencia artificial, algoritmos y robotización, nos hemos olvidado de que somos seres humanos trabajando con seres humanos que tienen necesidades, problemas, expectativas, ideas y aspiraciones. El ser humano es mucho más emocional que racional y, por lo tanto, se debe estar muy atento a desarrollar habilidades emocionales.

- La principal habilidad de los mánagers para mitigar el estrés de sus equipos y, por tanto, aumentar su nivel de compromiso, es la empatía. La capacidad de comprender a la otra persona da la capacidad de influenciar sobre los trabajadores para llevarlos a ese punto en el que la compañía los necesita.

- La confianza es piedra angular de la estrategia para conseguir una buena experiencia del empleado. En las empresas donde se reportan altos niveles de confianza hay un 74 % menos de estrés, un 40 % menos de *burnout* y un 76 % más de compromiso.

- Más del 80 % de empleados dice que estaría más motivado si su jefe o jefa les demostrara más a menudo que los aprecia, no solo por su capacidad de trabajo, sino también por cómo es a nivel humano y por sus valores personales.

- Cuando en el trabajo transmites tus valores como persona y escuchas, apoyas y ayudas, la sensación que le queda al miembro del equipo es que el mánager exige, se equivoca a veces y tiene defectos, pero es un buen profesional y, si algún día lo necesita, va a intentar ayudar.

- Un artículo del diario *Expansión* señala que el 80 % de los directivos estaban desbordados por el estrés y que el 15 % tomaba medicación habitual para dormir, y dormir es el primer predictor de la felicidad y el rendimiento. Se sienten solos, sin formación y con mucha presión.

- Se busca líderes inspiradores, centrados en las personas, auténticos, de servicio. Para decirnos las cosas de manera cien por cien racional ya está ChatGPT.

# *Anexo*
## Diccionario de tendencias

El mundo está en constante cambio y, con él, las empresas, con avances tecnológicos, nuevas formas de trabajar y evolución en diferentes campos. ¿Qué tendencias están cogiendo protagonismo? ¿Cuáles son los conceptos más novedosos? ¿Cuáles son las predicciones en recursos humanos? ¿Qué áreas clave deben atender las organizaciones para no quedarse estancadas?

## Analítica de empleados (*People Analytics*)

Es una disciplina que utiliza datos y análisis para comprender, mejorar y optimizar la gestión de personas en una organización. Se trata de aplicar herramientas y técnicas de análisis de datos al ámbito de recursos humanos, recopilando información sobre el rendimiento, comportamiento, interacciones y otros datos relevantes de los empleados, con el objetivo de mejorar la toma de decisiones relacionadas con la gestión y el desarrollo del talento en una empresa.

## Monitorización de los trabajadores

Algunas empresas están considerando la posibilidad de implementar la tecnología, a través de dispositivos como pulseras inteligentes o incluso chips subcutáneos, para finalidades como control de acceso, seguimiento de asistencia, facilitar pagos o medir el bienestar. Los chips subcutáneos son pequeños dispositivos RFID (Identificación por Radiofrecuencia) que se insertan bajo la piel y pueden contener información como identificación personal, datos médicos o incluso claves de acceso a ciertas áreas, por lo que es una práctica que ha generado controversia en el ámbito laboral y ético. Algunas personas podrían sentir que se les está obligando a someterse a este tipo de tecnología para mantener su empleo, lo que plantea cuestiones éticas sobre la libertad individual, por lo que el consentimiento es crucial. En Estados Unidos algunos estados están legislando los límites de las empresas al respecto.

## Recualificación

Hace referencia a un cambio significativo en el panorama laboral que implica la necesidad masiva de reentrenar o volver a capacitar a una gran cantidad de trabajadores para adaptarse a las nuevas habilidades y demandas del mercado laboral actual y futuro.

# Alquiler de talento

Se refiere a la estrategia que algunas empresas emplean para cubrir necesidades específicas de habilidades o conocimientos contratando talento externo de manera temporal. Es una estrategia que permite a las empresas obtener expertos o profesionales altamente cualificados de manera temporal para proyectos específicos, aunque también plantea desafíos en términos de continuidad y retención de conocimientos.

# Planes estructurados de reconocimiento de los empleados

Las empresas que invierten en programas de reconocimiento tendrán mejores tasas de fidelización. El reconocimiento debe ser personalizado e intencional, entendiendo que diferentes individuos valoran el reconocimiento de diferentes maneras.

# Integración de la inteligencia artificial

Los profesionales de recursos humanos deberán ofrecer servicios personalizados a sus empleados (planes de formación, bienestar, desarrollo, etc.). Para ello se necesitarán, dentro de este departamento, profesionales con conocimientos en IA que, mediante la utilización de algoritmos, sean capaces de llevarlos a la práctica.

## Programas de bienestar

Se insta a los empleadores a centrarse en programas de apoyo riguroso al bienestar, dada la repercusión de las incertidumbres de los últimos años en el bienestar físico y emocional. Se estima que la existencia de estos programas será uno de los tres primeros criterios a la hora de decantarse por una oferta laboral o por otra.

## Planificación de la sucesión

A medida que la generación del *baby boom* se jubila los empleadores deben adaptar los paquetes de beneficios para atraer a los trabajadores más jóvenes. Crear una cultura laboral que se alinee con los valores de las generaciones más jóvenes, ofrecer entornos laborales flexibles, hacer hincapié en el equilibrio entre el trabajo y la vida personal, y proporcionar oportunidades para el desarrollo de habilidades y el avance son estrategias esenciales para atraer y retener talento más joven. Reconocer y acomodar las diversas fortalezas y preferencias laborales de las diferentes generaciones también es crucial para mantener una fuerza laboral multigeneracional.

## Gestión de equipos híbridos

Es imprescindible adquirir habilidades para manejar equipos que trabajan de manera presencial y de manera remota. Tener habilidades para lograr el éxito en los dos ámbitos ya está siendo uno de los principales desafíos para las compañías.

## Liderazgo del cambio

Liderar el cambio en las empresas hoy en día es complejo debido a la rapidez del mismo, que comparte escenario, a su vez, con la resistencia y la necesidad de gestionar riesgos y fracasos, así como la transformación cultural que a menudo implica. Este requiere habilidades de liderazgo sólidas, comunicación efectiva y una comprensión profunda de las dinámicas organizacionales.

Su opinión es importante.
En futuras ediciones estaremos encantados
de recoger sus comentarios sobre este libro.

Por favor, háganoslos llegar a través de nuestra web:

www.plataformaeditorial.com

Para adquirir nuestros títulos,
consulte con su librero habitual.

«*I cannot live without books*».
«No puedo vivir sin libros».

THOMAS JEFFERSON

Desde 2013, Plataforma Editorial planta un árbol
por cada título publicado.